Heinrich Denifle

Die päpstlichen Registerbände des 13. Jahrhunderts

Heinrich Denifle

Die päpstlichen Registerbände des 13. Jahrhunderts

ISBN/EAN: 9783743371262

Hergestellt in Europa, USA, Kanada, Australien, Japan

Cover: Foto ©Lupo / pixelio.de

Manufactured and distributed by brebook publishing software (www.brebook.com)

Heinrich Denifle

Die päpstlichen Registerbände des 13. Jahrhunderts

DIE
PÄPSTLICHEN REGISTERBÄNDE
DES 13. JHS.

UND

DAS INVENTAR DERSELBEN VOM J. 1339

VON

P. HEINRICH DENIFLE,
AUS DEM PREDIGERORDEN
UNTERARCHIVAR DES HL. STUHLES.

BERLIN,
WEIDMANNSCHE BUCHHANDLUNG
1886.

Separat-Abdruck aus dem Archiv f. Litteratur- u. Kirchengeschichte. II. Bd.

Inhalt.

	Seite
Die päpstlichen Registerbände des 13. Jhs. und das Inventar derselben vom J. 1339	1
1. Zur Geschichte des Inventars	2
2. Die Registerbände des Inventars und der gegenwärtige Bestand im Vat. Archiv	12
3. Hypothesen moderner Diplomatiker	24
4. Excurs über einzelne Registerbände besonders jene Innocenz' III.	51
Inventar der Regesten und Archivalien vom J. 1339	71

Berichtigung.

S. 81 Anm. 1, S. 82 Anm. 3 lies Capitalschrift statt Uncialschrift.

Von allen Inventaren, welche päpstliche Registerbände anführen, wurde bisher das vom J. 1369 als das älteste angesehen [1]). In demselben wird notiert, wie viele Registerbände von den einzelnen Päpsten in dem Gemache unterhalb des Arbeitszimmers des Papstes in seinem Palaste zu Avignon existierten. Die Beschreibung der Bände erstreckt sich nur auf das Material, auf dem sie geschrieben waren, auf das grössere oder kleinere Volumen derselben, die Einbände und die Zahl. Wir erfahren nicht, wie die einzelnen Pontificatsjahre auf die Bände vertheilt waren, oder umgekehrt [2]). Wie wenig man aus diesem Inventare auf den heutigen Bestand schliessen könne, wie reserviert man sich gegenüber den dortigen Angaben halten müsse, wird sich weiter unten ergeben.

---

1) Das vom J. 1366 durch Muratori in den Antiqu. italicae VI, 75 edierte enthält wohl Archivalien, aber keine Registerbände. Das Inventar vom J. 1369 findet sich im Vat. Archiv in der Avignonesischen Sammlung n. 468. Der Band trägt am Rücken die Notiz: Invent. mobilium Palatii aplici. 1339. 1369. S. über denselben Ehrle in dieser Zsch. I, 12. Fol. 104b des Bandes beginnt: Sequitur Inventarium librorum Registrorum litterarum apostolicarum diversorum summorum pontificum existencium camera subtus studium domini nostri pape, in qua consuevit se indui, quando intrabat consistorium. Man findet es nunmehr ediert im Regestum Clementis papae V. cura monachorum O. S. B. I, XX Anm. 2.

2) So heisst es z. B. Item quadraginta unum volumina papirea cooperta postibus sive pelle continentia regestra litterarum domini dicti Clementis (V.) ... Item undecim libri de pergameno tam parvi quam magni, quorum alii sunt pergameno, et alii corio cooperti, continentes regestra litterarum domini Innocentii pape tercii.

Bei meiner Durchmusterung der Registerbände der Avignonesischen Sammlung glückte es mir, das Inventar der päpstlichen Regesten aus dem Jahre 1339 aufzufinden[1]). Es ist in den 38. Band Clemens' VII. zwischen fol. 315 und 328 geheftet, und füllt 13 Pergamentblätter (in der fortlaufenden Foliierung steht fol. 318 zweimal), à 28½ Centm. Länge und 20¼ Breite. An manchen Stellen ist die Schrift ziemlich verblichen.

Ehe ich von der grossen Wichtigkeit dieses Inventars spreche, will ich auf jene Wege aufmerksam machen, welche zur Abfassung derselben führten. Es bedarf jedoch dabei nur der Hervorhebung einiger wichtiger Punkte, da eben die Wege zur Abfassung unseres Inventars und jene zur Anlegung der von Ehrle in dieser Zsch. publicierten Inventare vom J. 1227 und 1339 identisch sind, und wir die letzteren bereits kennen[2]). Auch handelt es sich bei unserer Untersuchung fast ausschliesslich um die päpstlichen Registerbände.

1. Zur Geschichte des Inventars.

Die Regestenbände theilten fast das gleiche Schicksal, wie überhaupt der päpstliche Schatz. Wenigstens die im Inventare des J. 1339 verzeichneten, d. i. die Regestenbände des 13. Jhs, wurden c. 1304 von Benedict XI. nach Perugia überführt, von wo sie nach 1312, aber sicher vor 1319, mit einem Theile des Schatzes und mit Archivalien nach Assisi kamen, und in einer Kammer in der Nähe der oberen Sacristei in St. Francesco hinterlegt wurden[3]). Es ist ganz irrig mit Kaltenbrunner zu behaupten, dass, als der grösste Theil der Archivalien der römischen Kirche nach dem festen Assisi gebracht wurde, die Register nicht

---

1) Bei dieser Gelegenheit entdeckte ich auch das bisher nicht bekannte Inventar der Bibliothek Gregors XI. Es ist mit dem Benedicts XIII. dem t. 27 Clemens VII. in der Avignonesischen Sammlung beigebunden, befindet sich aber in einem jämmerlichen Zustande, der bereits seit dem vor. Jh. datiert. Nur der erste Theil (unvollständig) kann benützt werden.

2) S. diese Zsch. I, 286 ff. Vgl. auch Marinis Memorie istoriche degli archivi della S. Sede (ed. von A. Mai) Roma 1825 p. 5 sqq.

3) Über diese Übertragungen und die Thätigkeit Clemens V. s. Ehrle in dieser Zsch. I, 6. 41. 44. 228. 235. Über genannte Kammer s. ibid. S. 47.

dahin gewandert wären, sondern nach Frankreich mitgenommen worden seien[1]). Dies lässt sich nur von den Registerbänden Bonifaz' VIII. und jenem Benedicts XI. sagen, wie wir weiter unten sehen werden, nicht aber von den ihnen vorausgehenden. Der Beweis hierfür liegt eben in den Documenten und in unseren Inventaren[2]).

Nach Clemens' V. Tod schwand in Avignon anfänglich auch die Kenntniss, wo die Registerbände des 13. Jhs. aufbewahrt seien. Wenigstens wusste Johann XXII. während der ersten Jahre seines Pontificats nicht genau den Standort derselben. Es war ihm nur bekannt, dass sie irgendwo im Herzogthum Spoleto verborgen wären. Am 14. December 1323 schrieb er nämlich an den Rector von Spoleto und die Äbte von S. Pietro di Perugia und Assisi, sowohl Urban IV. als Clemens IV. hätten mittels Schreiben die Bischöfe von Chartres und Nevers sowie den Prior der Dominicaner zu Paris beauftragt, 'ut de vita necnon et miraculis bone memorie Philippi Bituricen. archiepiscopi[3])... propter que sanctorum ascribi cathalogo petebatur... diligenter inquirerent'. Er wünsche nun über den Inhalt jener Schreiben vergewissert zu werden. Zu dem Zwecke beauftragte er die Adressaten den Originalbullen und Registerbänden beider Päpste, **welche bei den Franciscanern in Assisi, oder in Perugia, oder an irgend einem umliegenden Orte sein sollen**, eifrigst nachzusuchen[4]). Erst im darauffolgenden Jahre

---

1) Mittheil. d. Instituts f. österr. Geschichtsforsch. V. Römische Studien I. S. 277.

2) Wenn Kaltenbrunner seine Behauptung damit erhärtet, dass die Registerbände in dem Inventar der Archivalien in Assisi vom J. 1339 nicht erwähnt würden, so ist darauf zu erwiedern, dass sie, wie ich sogleich zeigen werde, im Inventare vom J. 1327 angeführt werden. Weshalb sie in dem von Kaltenbrunner gemeinten Inventare vom J. 1339 keine Stelle fanden geschah einfach deshalb, weil die Registerbände kurz vor jener Zeit, als das genannte Inventar angefertigt wurde, bereits nach Avignon transportiert worden waren. Doch darüber alsbald mehr.

3) Es ist Philipp Berruyer, welcher 1234—1236 Bischof von Orléans, 1236—1260 Erzbischof von Bourges war.

4) Cum itaque de dictarum literarum tenoribus certificari velimus, discr. vestre per apost. scripta mandamus, quatenus vos vel duo vestrum originalia eadem et regestra dictorum predecessorum, que in archivis ecclesie romane

erfuhr der Papst von dem um das päpstliche Archiv so hochverdienten Johann de Amelio, ehedem Schatzmeister, nunmehr Rector des Herzogthums Spoleto, und dem jetzigen Schatzmeister Peter de Maynade, dass die Regesten in der Schatzkammer, d. i. in der Kammer bei der obern Sacristei von St. Francesco zu Assisi seien. Am 1. Jänner 1325 beauftragte er nun die beiden, sie möchten ihn benachrichtigen, welche und wie viele päpstliche Registerbände, die, wie sie sagen, in der Schatzkammer von Assisi lägen, daselbst sich fänden, und auf welche Weise sie sicher zur röm. Curie transportiert werden könnten [1]). Im August 1327 fertigten Mag. Bertrand Carici und der Generalprocurator der Dominicaner Wilhelm Dulcini, die beiden Abgesandten des Papstes, der unterdessen durch den Bericht Johanns de Amelio auch noch über eine grosse Anzahl anderer zu Assisi niedergelegter Gegenstände aufgeklärt wurde, ein summarisches Inventar des zu Assisi aufbewahrten Schatzes an [2]). Aus dem Inventar ersieht man, dass die Hauptmasse desselben in 110 numerierte Koffer verschlossen war [3]). Johann de Amelio glaubte im J. 1323 ihn durch derartige Verpackung am besten sichern zu können. In drei Kisten waren die Registerbände der Päpste aufbewahrt [4]), in mehreren anderen die übrigen Archivalien.

---

una cum atestationibus inquisitionis huiusmodi penes locum fratrum Minorum Assisinatis vel Perusin. aut in circumvicinis locis deposita fore creduntur, studeatis perquirere diligenter, et si originalia ipsa per vos inventa fuerint, illa nobis per fidelem nuntium quantotius destinetis; alioquin si dictarum litterarum tenores eadem regestra contineant, illos ex eis transumptos fideliter sub forma publica vestrisque signata sigillis nobis absque more dispendio transmittatis. Tenores vero qui dictarum litterarum esse dicantur, presentibus inseri fecimus, qui tales sunt: Urbanus u. s. w. Arch. Vat. an. 8 p. l ep. 564. Vgl. dazu ep. 563. Raynald Ann. ad an. 1323 n. 67 unterliess gerade dieses uns interessierende Factum zu erwähnen.

1) Reg. Vat. Secret. an. 9 ep. 590 fol. 80a. Ehrle S. 288.
2) S. dasselbe in dieser Zsch. I, 307 ff. Dazu vgl. S. 288 f.
3) Im J. 1311 waren sie in Perugia in saccis et scrineis aufbewahrt. S. unten S. 15 Anm. 2.
4) Sie werden im Inventar S. 316 (n. 32—34) erwähnt. Um Missverständnissen vorzubeugen bemerke ich, dass die im Inventar vom J. 1327 den einzelnen Koffern vorgesetzten Zahlen nicht die Nummern anzeigen, welche die verschiedenen Koffer trugen, sondern sich auf die Anzahl der Koffer

Aus diesem Inventare ersehen wir noch nicht, welche und wie viele Registerbände in Assisi vorhanden waren. Wir erfahren nur, dass solche existierten, und dass in einem der Koffer 25 Bände verschlossen waren.

Einen ganz anderen Aufschluss erhalten wir aus dem einen der Inventare vom J. 1339. In diesem Jahre wurden nämlich zwei Inventare abgefasst:. das eine wurde am 15. März des genannten Jahres in Montefalco aufgenommen und bezieht sich auf Kisten, die von Assisi dorthin gebracht wurden; das andere wurde mehrere Monate später, nämlich vom 5.—10. Sept. in Assisi auf Grund der daselbst existierenden Koffer angefertigt. Uns interessiert hier nur das erste, d. i. das der päpstlichen Regesten und anderer Archivalien, nicht das zweite Inventar'). Ich setze hier dort ein, wo in der Geschichte beider Inventare eine Divergenz eintritt, und der von Ehrle über die Thätigkeit der bei der Inventarisierung Betheiligten gegebene Bericht ergänzt wird²).

Johann de Amelio, welcher 1332 nach Avignon gieng und bald darauf clericus camerae wurde, erhielt am 31. October³) 1338 von Benedict XII. den Auftrag sich nach Assisi zu begeben, und dort mit Raymund de Poioliis, Rector, und Johann Rigaldi, Schatzmeister des Herzogthums Spoleto und zwei oder drei öffentlichen Notaren unter anderm die Privilegien, Registerbände, Acten u. s. w., welche er ihm mündlich bezeichnet habe, auszusuchen. Von gewissen Privilegien und Acten möge er rechtskräftige Transsumpte anfertigen lassen. Diese sowie die 'privilegia, registra, libros et scripturas', welche er aus dem Schatze auswähle, solle er getreulichst nach Avignon schicken oder brin-

---

beziehen. Sie wurden erst von Ehrle beigegeben. Die Nummern der Koffer lernen wir aus dem Inventare vom J. 1339 kennen. Die Koffer mit den Registerbänden waren 36—38 nummeriert.

1) Dieses letztere ist das von Ehrle in dieser Zsch. I, 324 ff. veröffentlichte.

2) Überhaupt ergänzen sich beide Inventare und manches kann nun mit grösserer Bestimmtheit und Genauigkeit ausgesprochen werden, als es Ehrle, der dieses Inventar noch nicht benützen konnte, möglich war.

3) S. 296 bei Ehrle steht in Folge eines Druckfehlers irrig 30. October.

gen¹). Am 28. Nov. 1338 reiste Johann de Amelio von Avignon ab. Die ersten Notizen, die wir über seine Thätigkeit in Italien im J. 1339 besitzen, beziehen sich gerade auf die Abfassung des Inventars der Registerbände der Päpste und anderer Archivalien.

Mitte März genannten Jahres finden wir ihn mit der Umpackung der Registerbände der Päpste und einiger weniger anderer Documente beschäftigt. Wie ich bereits oben bemerkt habe und wie sich noch viel deutlicher aus unserm Inventar ergibt, waren die Registerbände in drei Koffer verschlossen. Dieselben trugen die Nummern 36. 37. 38. Diese drei Koffer liess Johann de Amelio mit vier andern, welche die Signatur 25. 26. 27. 28. besassen²), von Assisi in das Stadthaus nach Montefalco, der Residenz der Rectoren des Herzogthums Spoleto, bringen. Dies erfahren wir nicht bloss aus dem Inventare selbst³), sondern auch aus der von Johann Rigaldi, dem damaligen Schatzmeister des Herzogthums Spoleto, an die Notare am 2. April ausgefolgten Bezahlung⁴).

---

1) Theiner, Cod. dipl. s. sed. II, 52. Von diesem Schreiben existieren im Vat. Archiv so viele Abschriften, wie von keinem andern. Es ist nämlich einem jeden der von Johann de Amelio besorgten Transsumpte inseriert. Auf diese Transsumpte komme ich alsbald zu sprechen.

2) S. unten im Inventare unmittelbar nach dem Verzeichnisse der päpstlichen Regesten.

3) S. ebend.

4) Zu dem von Ehrle S. 298 aus Intr. et exit. ducatus Spolet. n. 122 edierten Documente existiert das weitläufigere Original in den Instrum. misc. 1339 im Vat. Archiv. Es lautet: In nomine Domini amen. Anno nativitatis ejusdem millesimo trecentesimo tricesimo nono, indictione VII. die secundo mensis Aprilis pontificatus sanctissimi patris et domini nostri domini Benedicti pape XII. anno quinto. In presentia mei notarii infrascripti et testium subscriptorum reverendus vir dominus Johannes de Amelio, Foroiuliensis archidiaconus, camere domini pape clericus, delegatus seu commissarius in hac parte per dominum summum pontificem specialiter deputatus pro inquirendis certis privilegiis, registris, libris et certis scripturis ecclesiam Romanam tangentibus, que in thesauro qui conservatur in archivis ecclesie Romane existunt in ecclesia beati Francisci, videlicet in loco fratrum minorum de Assisio, virtute sue commissionis elegit nonnulla regestra, libros, privilegia ac multas alias scripturas, pro quibus tam in deferendo quam extrahendo, scribendo et copiando ac etiam fardelando, pro sumptibus notariorum et salario eorumdem, pro pargamenis, cordis, pannis, cereis, cohoperturis, laneis

In Montefalco wurden, wie aus der Einleitung zum Inventar erhellt, vor allem die drei Koffer, in denen sich die Registerbände befanden, in Gegenwart des Johann Rigaldi und anderer dazu berufener Persönlichkeiten durch Johann de Amelio ihres Inhalts entleert, und die Bände in drei neue Ballen gepackt, so dass der Inhalt der letzteren jenem der Koffer entsprach[1]). Während dieser Manipulation wurde der jedesmal aus dem betreffenden Koffer gehobene Band näher beschrieben, und schliesslich dem Ballen jene Signatur gegeben, welche der Koffer mit dem gleichen Inhalte besass. Die Beschreibung der einzelnen Bände ist das wichtigste Stück des ganzen Inventars. Sie liefert uns zugleich den Beweis, dass keiner der Registerbände der Päpste einschliesslich Nicolaus' IV. und theilweise Bonifaz' VIII. bis zum J. 1339 Frankreich gesehen hat.

Aus den drei genannten Koffern wurden nicht etwa bloss gewisse Registerbände ausgewählt, sondern, wie bereits erwähnt, wurden sie ihres Inhalts vollends entleert; die drei leeren Kisten aber blieben in Montefalco zurück.

---

et multis aliis expensis factis pro premissis venerabilis vir dominus Johannes Rigaldi legum doctor, Spoletani ducatus per sanctam Romanam ecclesiam thesaurarius generalis, nomine dicte Romane ecclesie de pecunia camere predictas expensas de mandato et voluntate dicti domini Johannis delegati fecit et solvit, que quidem expense ascendunt in universo quadraginta quatuor florenos auri, de quibus dictus dominus thesaurarius ad cautelam per me notarium infrascriptum voluit et requisivit in presentia dicti domini Johannis de Amelio et testium infrascriptorum fieri publicum instrumentum. Actum in palatio plebis sancti Fortunati de Montefalcone presentibus discretis viris magistris Hugone de Biole jurisperito Caturcensis diocesis, et Gerardo Carrerie, Bartholo Vannis de Spello notariis, ac Françulo Puçuli de Montefalcone testibus ad premissa vocatis et rogatis. Et ego Bertrandus de Glanderio clericus Caturcensis diocesis publicus apostolica auctoritate notarius premissis una cum dictis testibus interfui, et rogatus scribere scripsi et publicavi, et in hanc publicam formam redegi et signo meo consueto signavi.

1) Im Inventar vom J. 1227 wird gesagt, dass der eine Koffer 25 Bände enthielt. Es ist dies der mit der Signatur 36. Ebenso viele Bände bildeten dann den Ballen 36. Der zweite Koffer besass 34 Bände, die Bruchstücke mit eingerechnet. Das ist aber auch die Zahl der Bücher des Ballens 37. Der dritte Koffer wies wiederum 25 Bände auf, und zu ihnen wurden im Ballen 38 noch mehrere andere päpstliche Documente gelegt.

Nach dieser Arbeit machte man sich an die übrigen vier Koffer. Aus den in denselben niedergelegten Documenten wählte Johann de Amelio einige aus, von denen ihm der Papst mündlich gesprochen hatte, um von ihnen Transsumpte anfertigen zu lassen. Darüber klärt uns Johann in einem jeden Transsumpt (mit merklichen Varianten). Ich halte es nicht für überflüssig, hier aus zwei Transsumpten ein Beispiel für alle folgen zu lassen.

(1.) In nomine domini Amen. Noverint universi hoc presens instrumentum publicum inspecturi, quod nos Johannes de Amelio Foroiuliensis archidiaconus camere domini pape clericus, delegatus seu commissarius ad infrascripta specialiter deputatus, dudum in Romana Curia (personaliter) residentes recepimus cum debita reverentia qua decuit litteras Sanctissimi patris et domini nostri domini Benedicti divina providencia pape XII., ejus vera bulla plumbea cum filis canapis more Romane Curie bullatas, non viciatas, non cancellatas, non abolitas, non abrasas nec in aliqua sui parte suspectas, sed omni prorsus vicio et suspicione carentes tenoris et continencie infrascriptorum. Benedictus Episcopus servus servorum dei dilecto filio magistro Johanni de Amelio archidiacono Foroiulien. clerico camere nostre salutem et apostolicam benedictionem. Cum certis privilegiis, registris, libris . . . . [1]) Datum Avinione II. Kalendas Novembris pontificatus nostri — anno quarto. Auctoritate quarum nos Johannes delegatus et commissarius supradictus ad civitatem Assisii et locum fratrum Minorum beati Francisci videlicet ad cameram juxta sacristiam superiorem ubi prefatus thesaurus in archivis Romane Ecclesie conservatur venerabili viro domino Johanne Rigaldi legum doctore, canonico Albiensi Spoletani Ducatus thesaurario, et magistris Bartholo Vannis de Spello, et Geraldo de Carreria, ac Bertrando de Glaßderio clericis Spoletane et Caturcensis dioc. auctoritate apostolica tabellionibus publicis nobiscum adhibitis, nos personaliter conferentes, visis ac recensitis inventariis alias de dicto thesauro factis, privilegia, registra et libros ac scripturas alias, de quibus prefatus dominus noster papa nobis verbotenus dixit specialiter et injunxit, adhibita solerti diligencia tenorem commissionis nostre servantes et fideliter exequentes perquisivimus, investigavimus, inspeximus ac nonnulla elegimus ex eisdem juxta voluntatem et mandatum eiusdem domini nostri, quod nobis expressit oraculo vocis vive. (2.) Inter alia vero elegimus ac vidimus et diligenter inspeximus quasdam patentes litteras quondam Wuillelmi Roma-

---

1) Es folgt nun das bereits von Theiner, Cod. dipl. dom. temp. II, 52 aus Reg. Vat. n. 133 ep. 353 edierte Schreiben, das ich nicht noch einmal abdrucken lassen will. S. dazu oben S. 5 und S. 6 Anm. 1.

norum regis, que videbantur fuisse alias sigillate sigillo dicti Wuillelmi, prout in quadam cordula de sirico rubei viridisque coloris absque sigillo aliquo impendenti prima facie apparebat. Quas quidem patentes litteras nos Johannes delegatus et commissarius memoratus transcribi per Bertrandum de Glanderio et in formam publici instrumenti redigi fecimus et subscribi per supradictos inferiusque subscriptos tabelliones volentes et auctoritate apostolica nobis in hac parte commissa specialiter decernentes, sedentes pro tribunali, quod transumpto seu transcripto hujusmodi deinceps illa fides adhibeatur tam in judicio quam extra, sicut et litteris originalibus antedictis, ipsumque transumptum sive transcriptum ubique eandem fidem faciat in agendis, quam facerent littere memorate. Quibus omnibus et singulis nostram auctoritatem interponimus et decretum. Tenor vero dictarum litterarum talis est. (Nun folgt das ausgewählte Document). (1.) In cuius rei testimonium presens transsumptum in formam publicam redactum sigillo proprio quo utimur iussimus appensione muniri. Datum et actum Assisii in loco fratrum Minorum in Palatio domini pape anno nativitatis domini M. CCC. XXXIX. indictione VII. tempore predicti domini nostri domini Benedicti divina providentia pape XII. pontificatus sui anno quinto, die XX. mensis martii, presentibus venerabilibus viris dominis Johanne thesaurario predicto et Francisco abbate monasterii sancti Bartholomei de Campiregio, Symone Carlevaris priore ecclesie sancti Angeli de Mevanea, Blaxio archipresbytero de Bittonio, Bartholo plebano plebis felonice, Bonora rectore ecclesie sancte Marie Intende et fratribus Crispolto, custode sacri conventus fratrum Minorum de Assisio ac Angelo Mengrelli ejusdem Ordinis Eugubin. Assisinatensis et Fulginatensis diocesuum una cum pluribus aliis testibus ad premissa vocatis et rogatis.

Et ego Geraldus de Carreria clericus Caturcen. diocesis auctoritate apostolica tabellio publicus dictorum domini thesaurarii et notariorum adhibitioni supradicti privilegii perquisitioni, visioni et inspectioni auctoritatis et decreti interpositioni factis per dictum dominum Johannem delegatum seu commissarium una cum premissis testibus et notariis supradictis inferiusque subscriptis interfui presensque transcriptum tenorem dicti privilegii originalis nec non litterarum apostolicarum commissionis dicti domini delegati seu commissarii continens, prout in dictis privilegiis et litteris apostolicis originalibus vidi, legi et inveni nil addens vel minuens quod sensum mutet vel variet intellectum, fideliter transcripsi, et quia facta diligenti collatione de presenti transumpto seu transcripto cum dictis privilegio et litteris in eodem transumpto insertis una cum dicto domino delegato seu commissario et thesaurario ac notariis antedictis de verbo ad verbum concordare inveni, in testimonium veritatis et omnium premissorum de mandato et auctoritate dicti domini delegati seu commissarii transumptum predictum in formam publicam redegi ipsumque meo consueto signo signavi requisitus et rogatus.

Et ego Bartholus Vannis de Spello clericus spoletane diocesis publicus apostolica et imperiali auctoritate notarius dictorum domini thesaurarii et notariorum adhibitioni supradictique privilegii perquisitioni visioni et inspectioni, auctoritatis et decreti interpositioni, factis per dictum dominum Johannem delegatum seu commissarium una cum premissis testibus et notariis supradictis inferiusque subscriptis presens fui, et quia facta diligenti collatioue de presenti transumpto seu transcripto cum dictis orriginalibus litteris apostolicis, commissionem dicti domini delegati seu commissarii continentibus, ac orriginali privilegio predicto una cum domino delegato seu commissario ac thesaurario et notariis antedictis de verbo ad verbum concordare inveni, in testimonium veritatis et omnium premissorum de mandato et auctoritate dicti dominiJohannis delegati seu commissarii huic transumpto me subscripsi signumque meum apposui consuetum, rogatus et requisitus.

Et ego Bertrandus de Glanderio, clericus caturcensis diocesis publicus apostolica auctoritate notarius, dictorum domini thesaurarii et notariorum adhibicioni supradictique privilegii perquisicioni visioni et inspectioni auctoritatis et decreti interposicioni factis per dictum dominum Johannem delegatum seu commissarium una cum premissis testibus et notariis supradictis interfui, et quia facta diligenti collacione de presenti transumpto seu transcripto cum dictis originalibus litteris apostolicis, commissionem dicti domini delegati seu commissarii continentibus, ac originali privilegio predicto una cum domino delegato seu commissario ac thesaurario et notariis antedictis de verbo ad verbum concordare inveni, in testimonium veritatis et omnium premissorum de mandato et auctoritate dicti domini Johannis delegati seu commissarii huic transumpto me subscripsi, signumque meum apposui consuetum, rogatus et requisitus.

Alle diese Transsumpte tragen das Datum vom 20. März 1339, und wurden wohl sämmtlich in Montefalco angefertigt.

Die Originale, welche diesen Transsumpten zu Grunde lagen, wurden in die Koffer wieder zurückgelegt, andere aber aus denselben gehoben. Letztere wurden mit einigen Bänden, unter denen sich mehrere Inventare oder Bruchstücke solcher befanden, in zwei Ballen gepackt, um sie mit der Kiste, welche die Transsumpte aufnahm und den Ballen, welche die Registerbände enthielten, nach Avignon zu bringen. Die vier Koffer, von denen oben S. 6 und 8 die Rede war, wurden aber sammt ihrem noch übrigen Inhalte von Montefalco nach Assisi zurückgesandt. Daher kommt es, dass sie in dem Inventar, welches man am 5. Sept. desselben Jahres zu Assisi anzufertigen begann, wieder vorkommen, während die drei Koffer mit den Registerbänden in demselben nicht mehr fungieren.

Ausserdem wurden Johann de Amelio am 23. März vom Rector des Herzogthums Spoleto mehrere Bücher übergeben, welche Johann in mehrere Koffer der Schatzkammer zu Assisi unterbrachte. Darauf liess er die Schatzkammer mit zwei Schlüsseln schliessen und die Thüre versiegeln.

Als dies geschehen war, kehrte er mit mehreren andern nach Montefalco zurück. Dort hatte er den theuren Schatz, der sich in sechs Ballen befand, zurückgelassen. Er brach mit demselben anfangs April auf, und traf bereits am 28. April in Avignon ein[1]). Am 30. April übergab er im päpstlichen Palaste dem päpstlichen Schatzmeister Jacob de Broa die Ballen, die darauf im Saale neben dem Zimmer des Papstes in Gegenwart des Erzbischofes Gasbert von Arles und einiger anderer geöffnet wurden. Die päpstlichen Registerbände hatten nun endlich ein sicheres Heim gefunden, sie wurden dort aufgestellt, wo sie ihrer Natur nach hingehören, nämlich im päpstlichen Palaste und in der Nähe des Papstes.

So wissen wir also mit absoluter Gewissheit, wann die älteren päpstlichen Regesten nach Avignon kamen. Am 28. April 1339 langte mit ihnen Johann de Amelio in Avignon an, zwei Tage darauf, den 30. April, wurden sie dem päpstlichen Schatzmeister übergeben und die Ballen, in denen sie waren, ausgepackt[2]).

Am 4. Juni desselben Jahres wurden auf Verlangen des Papstes in Gegenwart Johanns de Amelio und einiger anderer im päpstlichen Arbeitszimmer mehrere Bücher aufgestellt, welche in einem der Ballen von Assisi resp. von Montefalco kamen.

---

1) S. oben I, 298 f. Im Regestum Clementis papae V. cura monach. O. S. B. wird I, XXXVIII aus Introit. et exit. n. 178 fol. 147 der Act citiert; es liefen aber dabei unliebe Fehler unter. Statt 'redierit' steht im Regestum 'reduxit', und statt 'XXVIII Aprilis' heisst es 'XVIII Aprilis', so dass das Richtige nicht herauszubringen ist.

2) Es ist nicht recht begreiflich, wie im Regestum Clementis papae V. cura mon. O. S. B. I, XLI geschrieben werden konnte, im J. 1342 seien die Regesten nach Avignon gekommen; sicher wären sie 1369 daselbst gewesen. Diese Unsicherheit hätte auch bloss durch Einsichtnahme in Marinis Memorie theilweise behoben werden können.

Hiemit sind die Notizen, welche über die Schicksale der Regestenbände dem unten publicierten Inventare entnommen werden können, erschöpft. Dasselbe wurde, wie sich nun deutlich ergibt, erst in Avignon vollendet. Der Notar, welcher es, theils in Montefalco, theils in Assisi und zuletzt in Avignon niederschrieb, hiess Geraldus de Carreria. Dass unser Exemplar nicht das Original repräsentiert, liegt auf der Hand. Der Notiz, welche Gerald betreffs der am 30. April erfolgten Übergabe der Ballen in Avignon hinterliess, giengen in seinem Exemplare, d. i. im Originale, 9 Blätter vorher, in userm stehen aber 10. Am Schlusse des Inventars wird ferner auf das 9. Blatt 29. Zeile verwiesen, wo von einem saculus die Rede sei. In unserer Hs. geschieht desselben am 10. Blatte 10. Zeile Erwähnung. Dass aber unser Exemplar eine gleichzeitige Copie sei, ergibt sich aus dem Charakter der Schriftzüge.

2. Die Registerbände des Inventars und der gegenwärtige Bestand im Vat. Archiv.

Die Wichtigkeit des Inventars liegt in dem ersten Theile desselben, welcher allein streng genommen den Namen eines Inventars verdient. Er bietet uns ein genaues Verzeichniss aller päpstlichen Registerbände, welche im April 1339 von Assisi nach Avignon transportiert worden sind. Dieselben umfassen die Jahrgänge Innocenz' III., Honorius' III., Gregors IX., Innocenz' IV., Alexanders IV., Urbans IV., Clemens IV., Gregors X., Innocenz' V., Johanns XXI., Nicolaus' III., Martins IV., Honorius' IV., Nicolaus' IV. und einen Band Bonifaz' VIII. Ausserdem finden wir den Band Johanns VIII. (als liber fratrum Casinensium), einen liber s. Mariae novae und mehrere Regesten (sammt einem Index), die nicht stricte zur Reihe gehören, erwähnt. In Summa beschreibt das Inventar 84 Bände (die kleinen sowie die Quaternen mitgerechnet), die den genannten Päpsten angehören. Innerhalb der Reihe von Innocenz III. bis Bonifaz VIII. fehlen also nur Registerbände der Päpste Coelestins IV., Hadrians V. Von Coelestin V. war wenigstens der Anfang des Registers erhalten, das aber namentlich nicht notiert wird, weil es mit einem ungenau beschriebenen Bande Nicolaus' IV. verbunden war, worüber unten S. 19. Von Bonifaz VIII. fand sich nur ein Band vor, der noch zudem, wie sich sofort ergeben wird, nur einen Tag des 7. Jahres enthält. Der Grund dieser Erscheinung liegt darin, dass eben die eigentlichen Registerbände Bonifaz' VIII. bereits in Frankreich waren (vielleicht seit 1305); sie befanden sich zuerst bei Clemens V. Einige Aufklärung hierüber gewährt uns eine Notiz der Magister Oddo de Sermineto und Andreas de Setia im 7. Jahrgange Bonifaz' VIII. (n. 50, fol. 140a) über Rasuren, die sie auf Befehl des Papstes Clemens V. bei einigen Briefen desselben Jahrganges vornahmen. Der interessante Act lautet:

Ego Oddo de Sermineto publicus apostolica auctoritate notarius ac litterarum apostolicarum regestrator de expresso mandato reverendorum patrum dñi Berengarij Episcopi Tusculani ac dñi Arnaldi tit. Scē. Prisce pbri. Card. Scē. ro. ccc. Vicecancellarij facto michi per eos ex parte Sanctissimi patris et dñi nostri Clementis divina providentia pape Vti., qui hoc eis pluries vive vocis oraculo mandaverat, ut dicebant, feci seu in presentia mea et magistrorum Andree de Setia et Emanuelis de Parma fieri feci rasuras vacuas vacuas (sic) que sunt in quarto, quinto et sexto foliis proxime precedentibus, quarum primam immediate precedit quedam littera que incipit: *De statu terrarum* etc., et sequitur alia que incipit: *Nuper ex rationabilibus* etc. Secunda vero rasūra facta in littera que incipit: *Asculta* incipit immediate post verba: *efficaciter adimplere et infra*, et finit ante verba illa: *Ad te igitur* etc. Tertia autem rasura in eadem littera facta incipit immediate post verba: *nec habens aliquod inhonestum et infra*, et finit ibi ante verba illa: *Ad hec ne terre sancte negotium* etc. Ibidem in quarta linea subsequenti facta una alia rasura unius tantummodo dictionis. Ultima quoque rasura incipit proxime post verba illa: *sic te prepares in premissis et infra*, et finit ibi ante verba illa: *ut in presenti divinam gratiam* etc. Ideoque predicta de eodem mandato in rei geste testimonium scripsi sub solito signo meo. Vicune in hospitio dñi Card. Vicecancellarij supradicti.

Et ego Andreas Faccon de Setia publicus Imperiali auctoritate notarius ac litterarum apostolicarum Regestrator predicta omnia seu eundem modum ut predictus magister Oddo de eodem mandato feci seu fieri feci: Ideoque de mandato predicto hic in rei geste testimonium in domo predicti dñi Vicecancellarij me subscripsi sub solito signo meo.

Doch weit wichtiger als diese Notiz, die uns noch immer im Unsichern lässt, ob Clemens V. alle Jahrgänge Bonifaz' VIII. besessen habe, ist eine andere, die ich dem nach dem Tode Clemens V. im J. 1314 zu Carpentras abgefassten Inventare des avignonesischen Schatzes entnehme. Während des Inventarisierens wurden die verschiedenen Gegenstände in nummerierte Koffer gelegt. Es heisst nun:

Item novem Regestra dñi Bonifacii pape VIII., unum Regestrum dñi Benedicti pape XI. et decem Regestra dñi Clementis pape quinti. Item librum consualem. Item duos libellos de Regula Templi. Item decem tam libellos quam quaternos de diversis materiis et formis. Predicta Registra libelli et quaterni positi sunt in tribus cofinis signatis per + [1]).

Dadurch werden wir nicht bloss über alle Jahrgänge Bonifaz' VIII. aufgeklärt, sondern wir erfahren zugleich, dass auch der Regestenband Benedicts XI. sich in Frankreich befand, und es wird nun begreiflich, warum diese Regesten nicht in dem zu Assisi 1339 aufgenommenen Inventare vorkommen.

Von grosser Wichtigkeit ist der Aufschluss, den wir aus dem Inventar v. J. 1339 über die Existenz oder vielmehr Nichtexistenz der päpstlichen Registerbände vor Innocenz III. gewinnen. Nur der Band Johanns VIII. wird erwähnt, möglicher aber nicht wahrscheinlicher Weise haben wir in dem liber s. Mariae novae den Registerband Gregors VII. zu sehen, allein im übrigen wird auch nicht ein Registerband irgend eines andern Papstes verzeichnet. Und selbst hinsichtlich dieser Bände Johanns VIII. und Gregors VII. ist es sicher, dass sie nicht aus der päpstlichen Kanzlei stammen und nichts weniger als die ursprünglichen Regesten jener beiden Päpste repräsentieren. Somit fanden sich schon im J. 1339 nicht mehr die Regesta Romano-

---

1) Tom. 467 der Avignones. Sammlung (Invent. bon. mobil. Clem. V. et processus contra usurpatores eorum. 1314. 1320). Das Inventar steht darin dreimal, und die betreffende Stelle fol. 4b; 24a; 37a. Im Original, das uns in den Instrum. miscell. an. 1314 erhalten ist, fehlt jenes Pergamentblatt, auf dem die Notiz sich befinden müsste. Der Anfang ist eben defect. Marini, Regestum Clementis papae V. cura mon. O. S. B. I, XXX Anm. 1 und Ehrle in dieser Zsch. I, 42 (vgl. S. 45 f.) citieren obige Stelle aus den früheren Documenten. — Wohl im Jahre 1316 revidierte Jacobus electus Avenion. (1315—1317) den Schatz, bei welcher Gelegenheit wieder ein bisher nicht bekanntes Inventar aufgenommen wurde. Es befindet sich im 43. Bande Johanns XXII fol. 253—265 der avignonesischen Sammlung. Dort heisst es fol. 2: In tribus aliis cofinis signatis per + sunt hec novem Regestra dñi Bonifacii pape viij., unum Regestrum dñi Benedicti pape xj., et X Registra dñi Clementis pape V. u. s. w. Unmittelbar vorher steht von fol. 183 an der gegen den Neffen Clemens V. wegen Beraubung des päpstlichen Schatzes geführte Process.

rum Pontificum Urbans II., Paschalis II., Gelasius II., Lucius II., Eugens III., Anastasius IV., Adrians IV., Alexanders III., aus denen theils Honorius III., der frühere Register oft erwähnt, theils Gregor IX. an Roderich Erzbischof von Toledo Auszüge geben[1]). Darüber, wann die alten päpstlichen Regesten verschwunden sind, lassen sich nur Vermuthungen aufstellen. Vielleicht beim Überfall in Anagni (1303), vielleicht beim Brande der Laterankirche (1307), unter der Voraussetzung, dass im J. 1304 mit dem päpstlichen Schatze von Benedict XI. nicht alle Registerbände nach Perugia überführt wurden; gewiss aber nicht in Perugia vor der Überführung der Archivalien nach Assisi[2]). Vielleicht waren jedoch schon im 13. Jh. Verluste der genannten Regesten zu beklagen. Bis wir nicht einen Anhaltspunkt in Documenten finden[3]),

---

1) Reg. Honorii III. an. 2 epp. 795—799 (n. 9 fol. 190b—196b); Reg. Gregorii IX. an. 13. epp. 201—203 (n. 19 fol. 138—140). Dazu vgl. Pertz, Archiv V, 30 ff., daraus Bethmann ibid. XII, 206 f. Über Verweise Innocenz' III. auf frühere Register s. Delisle in Bibl. de l'école d. chart. 19, 15. Über noch erhaltene ältere Sammlungen s. Neues Archiv V, 275 ff., 503 ff., 586 und dazu die Litteraturanzeige von Diekamp im Hist. Jahrb. IV, 243 ff.

2) Leider wurden in dem im J. 1311 zu Perugia angefertigten Inventar des päpstlichen Schatzes die Regestenbände nicht inventarisiert. Es heisst nur am Schlusse: Item non scripsimus ea, que sunt in camera, quam consuevit tenere dominus Camerarius, quia longum esset illa per singula conscribere, cum sint ibi regestra multorum summorum pontificum cum multis libris sive quaternis et cartulariis de papiro officialium, qui fuerunt pro tempore in officiis plurium dominorum summorum pontificum . . . que omnia consistunt in saccis et scrineis, prout dimissa fuerunt. Im t. 10 Clemens' VI. der avignon. Sammlung fol. 538 b. So vermögen wir nicht einen Vergleich zwischen dem Bestande in Perugia und dem in Assisi anzustellen.

3) Vielleicht gelingt es einmal irgendwo das im Inventar vom J. 1311 fol. 530 b angeführte 'Inventarium de bonis thesauri ecclesie romane de tempore domini Martini pape quarti' aufzufinden. Möglicher Weise waren in demselben die Regesten beschrieben. Ich fand aus der Zeit Martins IV. zunächst das nicht uninteressante Verzeichniss der Einnahmen des 'Aliron de Ricardis canonici s. Marci Venet. collector a sede apostolica constitutus super decimis terre sancte subsidio deputatis in Salzburgen. provincia et Pragen., Olomucen., Eysteten. et Bambergen. civitatibus et diocesibus provincie Maguntine' aus den Jahren 1282—1285. Es steht auf einem Pergament-Quaternio (mit der päpstl. Kanzleischrift jener Zeit geschrieben) im 7. Bande Benedicts XII. (fol. 334 bis 341) der avignones. Sammlung. In n. 213 der Collectorien findet sich eine andere Hs. dieser Art.

wird es das beste sein, sich zu hüten, Combinationen zu machen, da eben jede so gut als die andere möglich ist, und jede irrig sein kann.

Das heutige päpstliche Archiv ist also hinsichtlich der Regestenbände vor Innocenz III. nicht im geringsten ärmer, als das, welches im J. 1339 in Assisi inventarisiert wurde, d. h. heute wie damals fehlen die Registerbände vor Innocenz III. Dagegen, dass etwa später noch der eine oder andere Band zum Vorschein gekommen sei, der nicht in Assisi war, spricht die Thatsache, dass z. B. auch das Inventar vom J. 1369 keine frühern Bände aufweist, als den Johanns VIII. und, wenn man will, den liber s. Mariae novae. Ebenso kennen die späteren Inventare keine älteren Bände.

Wir vermögen nun ausserdem mit völliger Gewissheit zu constatieren, was wir heute im Vatic. Archive von den einst in Assisi hinterlegten und später in Avignon aufgestellten Register-Bänden des 13. Jhs. besitzen; ferner, was sich von jenen Bänden zwar nicht mehr im Vat. Archiv, wohl aber anderswo befindet; endlich gelangen wir über die absoluten Verluste ins Reine. Da das Inventar vom J. 1339 die Registerbände ziemlich genau beschreibt (leider aber sehr ungenau die übrigen Stücke) und bei jedem das Incipit und Explicit des zweiten und vorletzten Blattes angibt, so ist die Verificierung und überhaupt der Nachweis im Grossen und Ganzen nicht schwierig. Man kann denselben unten in den Anmerkungen zum Inventare verfolgen. Um dabei mit mehr Sicherheit zu Werke gehen zu können, bemühte ich mich jenen Bänden, die im Inventare aufgeführt werden, im Vat. Archive aber fehlen, anderswo auf die Spur zu kommen. Die Ausbeute ist immerhin nennenswert.

Ich wandte natürlich meine Blicke vor allem nach Paris, wo, wie bekannt ist, in der Nationalbibl. das sechste Jahr Innocenz' IV. mit der Signatur 4039 liegt. Auch hatte bereits Delisle in der Bibl. de l'école des chartes t. 38 auf n. 4038 B der Nat. Bibl. aufmerksam gemacht, in welchem 14 resp. 13 Blätter mit 46 Briefen des 7. Jahres Alexanders IV., das eben im Vat. Archiv fehlt, stehen, und deren Ursprung, wie Delisle erkannte, höchst wahrscheinlich in der päpstlichen Kanzlei zu suchen sei.

Ich fand mit Hilfe des Inventars, dass jene 13 Blätter in der That der in demselben beschriebene 7. Jahrgang Alexanders IV. sei. Aber gerade in jenem Codex, in dem derselbe steht, und der von Card. Mazarin herrührt, stehen noch weitere wertvolle Stücke, die einst dem päpstlichen Archive angehörten. Ich glaube es sei am besten die hauptsächlichten Stücke des Miscellan-Codex hier kurz anzugeben, und ich füge daran die Beschreibung anderer Pariser Hss.

Fol. 1—13 befindet sich der eben erwähnte Registerband Alexanders IV.

Fol. 14—55 steht ein Bruchstück des Originalregisters auf Pergament aus dem ersten Jahre Clemens' V., dessen Anfang im Vat. Archiv aufbewahrt wird. Hier beginnt das Fragment (ein Sextern): Incipit Registrum domini Clementis pape V. primi anni (alles schwarz). Darauf folgen die ersten 22 capitula und der Anfang vom 23.[1]). Der Schluss dieses cap. steht in Paris auf fol. 22. Die Blätter im Fragmente zu Paris wurden in verkehrter Ordnung geheftet. Ich will hier angeben, wie sie stehen sollten. Fol. 18.19 sind leer. Fol. 22—33 enthalten cap. 23 (resp. den Schluss desselben) bis cap. 45 incl. Auf fol. 44—55 stehen cap. 46—74, dessen Fortsetzung sich auf fol. 14 befindet, und nun folgen sich bis fol. 17 cap. 75—83. Fol. 21 nimmt cap. 400—405 ein, dessen Schluss den Beginn von fol. 34 bildet. Nun sind die Blätter in Ordnung bis fol. 43. Auf ihnen stehen die capitula bis cap. 433, dessen Schluss fol. 20 eröffnet, auf welchem man noch den Anfang vom cap. 434 (Henrico electo Magdeburgen.) liest. In dem Vat. und Pariser Fragmente zusammen genommen sind uns also vom Originalregister zum 1. Jahre (de curia) Clemens V. in fortlaufender Reihe die capitula 1—83, 400—434 und 720—725, welch letztere ebenfalls im Vat. Arch. liegen, erhalten. Sie stimmen durchaus zu unserm Regestenbande (n. 52)[2]). In den Fragmenten sind die Seiten häufig durchstrichen.

---

1) S. die Beschreibung im Regestum Clementis papae V. cura monach. O. S. B. I, LXXV. Leider entgieng den Herausgebern das viel bedeutendere Fragment in Paris, das ihnen manche Dienste geleistet hätte, da der erste Regestenband Clemens' V. des Vat. Archivs sehr nachlässig geschrieben worden ist.

2) Es hat nichts zur Sache, dass die Nummern der Capitula mit jenen des Druckes nicht übereinstimmen. So ist z. B. cap. 49 des Pariser Fragmentes n. 47 der Benedictiner; cap. 400 des Fragmentes n. 400, cap. 434 aber schon n. 478. Die Herausgeber des Regestum Clementis V. achteten zu wenig auf die Zusammengehörigkeit der einzelnen Stücke, was jedoch zu entschuldigen ist, da die Briefe in dem der Ausgabe zu Grunde liegenden Bande erst nachträglich nummeriert wurden.

Fol. 57—73 steht Compotum camere apostolice bononie de omnibus receptis et expensis in mensibus Julii et Augusti anni dom. mill. trecent. sexages. quarti.

Fol. 108—129 folgt das für uns wichtigste Stück der Sammlung, nämlich ein Registerband Bonifaz' VIII. Alle Briefe desselben (43 an der Zahl) sind datiert: Anagnie iij. Id. Maii. pontificatus nostri anno septimo, und von ihnen sind die meisten an den Card. Nicolaus, Bischof von Ostia und Velletri, adressiert, welcher päpstlicher Legat in Ungarn, Polen, Dalmatien, Croatien, Rumänien, Serbien, Lodomerien, Galatien und Cumanien war. Demgemäss ist auch der Inhalt dieser Briefe. Bei allen wird am Rande und zwar an jener Stelle, wo im Briefe der betreffende päpstliche Auftrag sich findet, mit anderer (jedoch gleichzeitiger) Schrift kurz der Inhalt angegeben. Diese Noten sind keineswegs Vormerke für spätere Rubricierung. Nicht bloss stehen sie in der Regel an einem Orte, wohin die Vormerke sonst nie geschrieben wurden, sondern auch die Fassung der Noten spricht dagegen. Z. B.: 'Littera, qua dirigitur Strigon. electo, ut legatum honorifice tractet et se eidem exhibeat promptum et favorabilem', oder: 'quod predicare possit (legatus) per se et alium, contra hereticam pravitatem inquirere et procedere ac invocare auxilium brachii secularis'. In den Vaticanischen Regesten des 7. Jahres fehlen diese Briefe ebenso wie bei Potthast. In der Anmerkung zu Bonifaz VIII. des Inventars habe ich nachgewiesen, dass uns hier jener liber parvulus Bonifatii vorliegt, welcher dort beschrieben wird. Die einzelnen Blätter sind in der Hs. wieder in verfehlter Ordnung geheftet.

Fol. 130—153 findet sich Quaternus conventionum factorum inter dominum nostrum regem Jerusalem et Sicilie et commune Janue vom 6. November 1307. Fol. 152 und 153 sind leer.

Fol. 154—163 Procuratorium nunciorum regis Romanorum venientium pro eo ad presentiam domini pape (Clementis V.) anno nativit. Christi milles trecentesimo nono kal. mens. Julii, vel circa. Fol. 159 ist nur mehr am oberen Rande beschrieben; der Rest und die nachfolgenden Blätter sind leer.

Fol. 164—212. Inventar von Acten und Documenten De censibus ecclesiae romanae in diversis regnis et mundi partibus.

Fol. 235—238 der letzte halbe Quatern eines Registers Honorius' IV., das der Schrift nach durchaus aus der päpstlichen Kanzlei stammt. Datiert sind die Briefe Rome apud S. Sabinam .... ut supra. Allein es erhellt, dass sie dem 2. Jahre angehören, denn einer steht im an. 2 (n. 42) ep. 236, zwei andere bei Potthast n. 22576/7. Nur 7 Briefe (und am Beginne des fol. 235 der Schluss eines solchen) finden sich noch vor. Fol. 336 a enthält am Beginne den Schluss des letzten Briefes, der Rest und die nächstfolgenden Blätter sind leer. Bereits Garampi kannte dieses

Bruchstück, wie aus einer von ihm im Registerbande n. 43 im Vat. Archiv gemachten Notiz hervorgeht, und er bemerkt ungenau, dass sich diese Briefe nicht im Vat. Registerbande Honorius' IV. fänden. Dass uns hier wahrscheinlich das Bruchstück eines im Inventar vom J. 1339 aufgeführten Bandes Honorius IV. erhalten ist, wird sich eben dort ergeben.

Cod. Paris. 4047 enthält das Cameralregister Nicolaus' IV.[1]), welches im Inventar vom J. 1339 mit den Worten beschrieben wird: Littere que transiverunt per cameram tempore domini Nicolay pape iiij[2]). Es kam vielleicht von La Porte duc de Mazarin gegen 1666 an Colbert. Das Register ist am obern Theile der Blätter sehr schadhaft und defect. Es besteht aus 5 Lagen. I fol. 1—14; II fol. 15—22; III fol. 23—34; IV fol. 35—46; V fol. 47—62. Die Rubriken wurden nicht abgeschrieben; sehr häufig liest man aber am Rande die Vormerke. Die Briefe wurden nur auf den beiden ersten Blättern nummeriert. Die Hs. wurde von Potthast für seine Regesta theilweise benutzt, und ich brauche deshalb nicht weiter auf den Inhalt einzugehen, was ja überhaupt den Rahmen meiner Abhandlung überschreiten würde. Auf fol. 25 b ist der Brief: H. Rectori provincie Romaniole mit dem Auftrage, dass er 'homines Masse (Trabarie) contra tenorem declarationis et constitutionis nostre' nicht molestiere. Am Rande bemerkte der Schreiber: Nota quod declaracio et constitucio sunt in alio Regesto domini N. pape IIII. scripto in cancellaria. In der That stehen sie (n. 44) an. 1 epp. 37. 38 (kal. Aug.). Da hier ganz eigens betont wird, dass das andere, allgemeine Regestum in cancellaria geschrieben wurde, so ergibt sich, dass die Regesta cameralistischen Inhalts schon damals nicht dort, sondern in der apost. Kammer angefertigt wurden[3]).

Die Briefe Nicolaus' reichen bis fol. 61; auf derselben Lage folgen 7 Briefe Coelestins V., welche sämmtlich von Potthast in dessen Regesta berücksichtigt wurden. Dies ist das einzige Überbleibsel des Regestum Coelestins[4]), das im Inventar vom J. 1339 nicht erwähnt wird, wohl

---

1) Ich verdanke die Kenntniss der Hs. der grossen Freundlichkeit Delisles.

2) Diesen Titel liest man heute nicht mehr in der Hs. Er befand sich einst am Umschlage.

3) Bereits Innocenz III. erwähnt (n. 4 ep. 190) W. camere scriptor, und (n. 5 epp. 43. 45. 47) Albertinus camere notarius.

4) Um einer Notiz willen in der Bibl. de l'école des chartes t. 45 p. 704 bemerke ich, dass das im Vat. Archiv befindliche 'Fragment' von Briefen Cölestins V., denen Briefe Nicolaus' IV. folgen, keineswegs zu einem Register Cölestins gehörte; das Ganze ist eine spätere Copie, und zwar nicht eines Registers oder eines Theiles desselben. Man wählte einfach eine gewisse Anzahl Briefe, welche man abschrieb, aus.

weil es von jeher mit dem Bande Nicolaus' IV. verbunden war, der im Inventar ungenügend beschrieben wird.

Cod. Paris. 5152 A (Colbert gehörig[1]) enthält das Register des Cardinallegaten Hugo (Bischofs von Ostia), das im Inventar vom J. 1339 also aufgeführt wird: Regestrum de quibusdam processibus factis in Lombardia tempore dom. Honorii pape (iij.) per legatum qui tunc erat in Lombardia. Das Register ist von den Secretären des Legaten angefertigt. Es ist in folgender Weise zusammengesetzt. Auf ein Blatt (A) mit drei Acten der Monate Juni und Juli 1219 folgt ein Quintern (fol. 1 — 10), der die Acten 1 — 45 (mit alter Nummerierung), im allgemeinen aus dem J. 1221 und meist vom Legaten erlassen, enthält. Im ersten heisst es: In nomine etc. A. D. millesimo CC vigesimo primo indictione viiij. die VII. kl. Aprilis ego Ponçus Amati Cremonensis potestas Senen. . . . do et concedo tibi d$\overline{no}$ Hug. Ostien. et Velletren. episcopo ap. sedis legato . . . ad preces d$\overline{ni}$ Ho. summi pontificis et d$\overline{ni}$ Freder. imperatoris pro communi nostro sex soldos Senen. per quodlibet foculare ad subsidium terre sancte . . . Vielleicht gieng diesem Hefte ein anderes voraus, denn am Fusse von fol. 1 liest man die Signatur 'Secundus'. Auf dieses folgt ein weiterer Quatern (mit der Signatur 'Tertius') mit den Acten 46 — 56, ebenfalls aus dem J. 1221 (fol. 11 — 18). Der nächste Quatern (fol. 19 — 26 und mit Signatur 'quartus') enthält die Acten 57 — 87 aus demselben Jahre. Die folgenden bis 101 und noch weiter finden sich im folgenden Quatern (quintus) von fol. 27 — 34. Am Beginne steht ein von J.(acobus de Vitriaco) an Honorius III. adressierter Brief, mit dem Datum 'in exercitu Damiat. octava Pasce'. Der letzte Quatern (fol. 35 — 42) ohne Signatur bietet vorzüglich Copien von Briefen Honorius' III. hinsichtlich der Legation Hugos, Cardinalbischofes von Ostia. Es mag wohl sein, dass dieser Quatern einmal der erste war. In das Register hat man auch Originalbriefe, an den Legaten adressiert, eingeheftet. Zwischen fol. 2 und 3 Brief des 'Re. de Noxa Cremon. pot'(estatis). Ohne Datum. Zwischen fol. 31 und 32 Schreiben 'frater Vgol. sancte marie nove de Jerlm in Veneciis inutilis minister'. Datum apud S. Cesarium Mutin. dioc. pridie kl. Sept. Zwischen fol. 33 und 34 Brief des 'Jor. sola miseratione divina Paduan. episcopus'. Undatiert.

Leider konnte ich die übrigen noch fehlenden Bände weder in Paris noch anderswo entdecken. Meine Vermutung, sie möchten vielleicht mit Benedict XIII. nach Peniscola gewandert und dann

---

[1] Auch auf diese Handschrift machte mich Herr Delisle aufmerksam. Er bemerkte: 'C'est un document fort curieux, que j'ai remarqué depuis ong temps'.

später in Verlust geraten sein, bewog mich das Inventar der Bücher jenes Gegenpapstes zu durchforschen. Allein für unsern Zweck war das Nachsuchen resultatlos [1]). Vielleicht gelingt es mir oder anderen in späterer Zeit den einen oder andern Band oder wenigstens Bruchstücke von Bänden aufzufinden. Gegenwärtig gestaltet sich das Verhältniss des Vat. Archivs hinsichtlich der Regesten zu dem päpstlichen des 14. Jhs. resp. zum Inventare vom J. 1339 in folgender Weise:

Von Innocenz III. werden namentlich 16 vollständige Jahrgänge in sechs Bänden erwähnt, ausserdem drei theilweise unvollständige Bände, in denen wahrscheinlich die Jahre 17—19, gewiss aber wenigstens die Jahrgänge 18 und 19 enthalten waren, und endlich der Band super negotio romani imperii. Von ihnen fehlen heute das vierte Jahr, sowie die drei Bände, in denen wenigstens das 18. und 19. Jahr standen, vom 3. Jahrgang ist nur mehr ein Bruchstück erhalten, von den Jahrgängen 13—16 aber besitzen wir nicht die ursprünglichen im Inventar beschriebenen alten Register, sondern eine Copie aus der Zeit Urbans V.

Von Honorius III. werden im Inventar unsere 11 Jahrgänge in 6 Bänden und ein Registrum de quibusdam processibus etc. erwähnt. Nur der letzte Band ist in Paris (n. 5152A).

Von Gregor IX. stehen im Inventare 15 vollständige Jahrgänge in 10 Bänden. Sie sind sämmtlich im Vat. Archiv erhalten. Dagegen fehlt das im Inventar angeführte volumen: Tempore bone memorie domini Gregorii pape IX.

---

1) Cod. Paris. 5156A enthält das genannte Inventar. Am ersten Blatte steht: Inicium inventarii librarie majoris castri paniscole. Fol. 122 werden mehrere Bände aufgezählt, die für uns von Interesse sind, nämlich: Primus liber de arte dictaminis magistri Bernardi et alia (sic!), mag. boncompan. In derselben Weise werden noch sechs weitere Bände ähnlichen Inhalts erwähnt (von Mandegotus, Ricardus de Pofis, Thomas de Capua, Guido, Peter de Vineis, Peter Blesens.). Darauf folgt: Item dictamina magistri Berardi de neapoli domini pape notarii. Item opus Berardi de neapoli in duobus voluminibus. Item regestrum diversarum litterarum domini Gregorii. Item formularium diversarum litterarum curie romane cum tabula. Item forma diversarum litterarum in papiro... Item epistole Clementis IIII. et quidam tractus (sic!) de iurisdictione ecclesie super regno Apulie. (fol. 123) Item diverse littere diversorum romanorum pontificum.

Von Innocenz IV. erwähnt das Inventar 12 vollständige Jahrgänge in 12 Bänden. Der 6. Jahrgang befindet sich nun in der Nationalbibl. zu Paris n. 4039 (im Beginne jetzt defect), der 7. fehlt überhaupt, die übrigen stehen im Vat. Archiv.

Von Alexander IV. verzeichnet das Inventar 7 vollständige Jahrgänge in 7 Bänden und ausser der Regestenreihe einen liber receptorum des Kämmerers Alexanders IV. (Nicolaus von Anagni), einen liber parvulus auf Papier: Transcriptum literarum missarum, und einen kleinen Quatern mit den Constitutionen des Papstes. Die drei zuletzt angeführten Stücke sind nicht im Archiv, das 7. Jahr der Regesten steht aber in n. 4038 B in Paris. Der Verlust ist also nicht gross. Der liber receptorum gehört nicht zu den Regesten; das Transcriptum kann möglicher Weise aus Briefen der Regesten bestanden haben; die Constitutionen aber sind auch sonst handschriftlich erhalten[1]).

Von Urban IV. zählt das Inventar zunächst drei Bände auf, in denen vier Jahrgänge standen, und dazu noch einen Band De diversis formis. Diese Bände finden sich gerade so im Vat. Archiv. Hier fehlt aber der im Inventar an letzter Stelle leider ungenügend beschriebene liber parvus et antiquus.

Von Clemens IV. wird ausser den vier Jahrgängen in zwei Bänden noch ein Registerband erwähnt. Sie befinden sich sämmtlich im Vat. Archiv.

Von Gregor X. werden im Inventar zunächst vier Jahrgänge in zwei Bänden aufgeführt, welche im Vat. Archiv stehen. Darauf wird ein Quatern auf Papier mit Rubricellen zum 3. und 4. Jahre erwähnt, der nunmehr fehlt. Die beiden nächstfolgenden im Inventare beschriebenen Bände gehören nicht Gregor X. an.

Zu Innocenz V. bringt das Inventar zwei Bände und einen Quatern. Sie fehlen sämmtlich im Vat. Archiv.

Von Johann XXI. wird ein Band notiert. Es ist der im Vat. Archiv aufbewahrte Registerband.

Von Nicolaus III. beschreibt das Inventar zwei Bände, welche das 1. Jahr umfassen, und andere zwei mit dem 2. und

---

1) Z. B. im Cod. Paris. 3939 (mit 4 Constit.); Cod. lat. mon. 213. Dazu vgl. Schulte, Geschichte der Quellen d. can. Rechts I, 31.

3. Jahre. Sie stehen sämmtlich im Vat. Archiv. Den weiter verzeichneten Liber: R. supra senatoria Urbis, fand ich nicht.

Von Martin IV. führt unser Verzeichniss zwei Bände mit den vier Jahrgängen und ausserdem noch den Cameralregisterband auf, welche sich vollständig im Vat. Archiv finden.

Von Honorius IV. werden im Inventar zunächst die beiden Jahrgänge in zwei Bänden erwähnt, die in einem Bande im Vat. Archiv stehen. Der an letzter Stelle notierte Regestenband ist wahrscheinlich derjenige, von dem ein Fragment in n. 4038 B der Nat. Bibl. zu Paris aufbewahrt wird.

Von Nicolaus IV. verzeichnet unser Inventar vier Bände, welche die fünf Jahrgänge dieses Papstes enthalten, die sämmtlich im Vat. Archiv aufbewahrt wurden. Leider fehlt dort das Cameralregister, das aber im Cod. Paris. 4047 erhalten ist.

Von Bonifaz VIII. wird ein Band angegeben, der sich in der Nat. Bibl. zu Paris in n. 4038 B findet.

Ausserdem wird bei Gregor X. in unserem Verzeichnisse ein Liber fatrum Casinensium aufgeführt, welcher kein anderer als der im Vat. Archiv befindliche Registerband Johanns VIII. ist.

Eben daselbst wird ein Liber sancte Marie nove erwähnt, der kaum unser Registerband Gregors VII. sein dürfte[1]), wenngleich die Möglichkeit nicht geradezu ausgeschlossen ist.

Die genauen Nachweise zur vorhergehenden Zusammenstellung findet man unten in den Anmerkungen zum Inventar. Dort habe ich auch jedesmal notiert, in wie viele Bände die Regesten gegenwärtig gebunden sind, welche Aufstellung sie heute besitzen und welche nun defect sind.

Aus dem eben vorgenommenen Vergleiche der im Vat. Archiv oder anderswo befindlichen Registerbände mit dem Inventare

---

1) Die Herausgeber des Regestum Clementis papae V. meinen p. XIX, das Register Gregors VII. stamme aus Monte Casino. Und p. XXI: valde probabiliter a primo (a Regesto Joannis VIII.) dissociatum numquam fuit. Mir gehen die dafür beigebrachten Muthmassungen nicht ein. Doch stimmen die Herausgeber mit mir überein, dass unter dem im Inventar vom J. 1369 erwähnten liber s. Mariae novae (das Inventar vom J. 1339 kannten sie nicht) kaum Gregors Register zu verstehen sei. S. unten im Inventar unter Gregor X.

vom J. 1339 erhellt, dass die seit jenem Jahre zu beklagenden Verluste verhältnissmässig nicht sehr gross, aber immerhin bedeutender sind, als man bisher gewohnt war anzunehmen.

Manche einschlägige Fragen, über die man Aufschluss haben möchte, finden in den nächsten Paragraphen ihre Erledigung.

3. Hypothesen moderner Diplomatiker.

Kaltenbrunners Römische Studien I[1]) berühren sich vielfach mit der vorhergehenden Untersuchung. Auch bringt dort der Verfasser einige Punkte zur Sprache, die bereits von andern Diplomatikern erörtert wurden und indirect zu unserm Inventar in Beziehung stehen, deren Erwähnung ich diesen Paragraphen vorbehalten habe. Da sich Kaltenbrunner eingehender als andere Gelehrte mit denselben beschäftigt hat, nehme ich im Folgenden zumeist auf ihn Rücksicht.

Dieser Forscher hat mit einem zu unzureichenden Material gearbeitet, dafür aber sich überreichlich einer modernen Errungenschaft bedient, nämlich des Combinierens. Wie weit man damit kommt, zeigt eben seine Leistung. Die Combinationen werden in der Regel durch neu entdeckte Urkunden zu nichte gemacht, wie es eben auch hier der Fall ist. Schlimmer jedoch ist ein anderer Fehler Kaltenbrunners, nämlich der Mangel paläographischer Kenntniss. Zu welchen Behauptungen K. in Folge dessen verleitet wurde, ist nicht uninteressant zu sehen. Ich nehme für jetzt nur einige Paragraphe aus seinen Studien heraus, und behalte mir vor über andere, welche zu dieser Untersuchung in keiner Beziehung stehen, später einmal zu sprechen.

Geschichte der Bände[2]). — Dass Kaltenbrunner über die Zeit, wann die Registerbände noch Avignon kamen, nicht unterrichtet war, haben wir anfangs dieser Abhandlung gesehen. Den Bestand der Registerbände zu Avignon erschliesst er aus dem unter Urban V. im J. 1369 angefertigten Inventar, das ihm zugleich als Vergleichungspunkt mit den gegenwärtig erhaltenen Registerbänden dient. Allein es war höchst unklug sich auf

---

1) In den Mittheil. des Instituts f. österr. Geschichtsforsch. V, 213 ff.
2) Ebend. S. 276.

jenes Inventar zu berufen. Dasselbe bietet uns nämlich ausser einigen nichtssagenden Notizen nichts als Zahlen[1]). Wie wenig diese dienen zeigt uns Kaltenbrunners Raisonnement. Ich greife hier ein Beispiel heraus.

Von Innocenz III. werden im Inventar 11 libri notiert. Kaltenbrunner sagt nun: 'Sie entsprechen den jetzigen Jahrgängen mit der Annahme, dass damals bereits der Jahrgang III (auch in seiner jetzigen fragmentarischen Gestalt) fehlte. Also schon damals waren auch annus IV. X. XI. XII und die letzten drei Jahrgänge verloren'. Also schon damals? Aber wie ist dies möglich? Im J. 1339 kamen sämmtliche genannten Bände mit den übrigen in Avignon an. Sollen sie nun dort bald verschwunden sein? Unmöglich. Wir besitzen, wie wir sehen werden, gerade auch zu den Jahren 3, 4, 10—12 und 18, 19 später und zwar in der päpstlichen Kanzlei zu Avignon angefertigte Indices. Die Bände waren also dort vorhanden. Wie konnte auch Kaltenbrunner behaupten, die Jahrgänge 10—12 seien 'schon damals' verloren gewesen, also zur Vermuthung führen, als seien sie überhaupt abhanden gekommen, während er doch hätte wissen sollen, dass Baluze sie zu seiner Ausgabe benützt, und Delisle bereits vor mehreren Jahren aufmerksam gemacht hat, dass sich der Band mit jenen Jahrgängen in der Bibliothek des Lord Ashburnham befinde?[2]) Wie gelangte indess Kaltenbrunner zu seinen Hypothesen? Lediglich durch Combinationen und irrige Voraussetzungen. Die einzelnen Jahrgänge und Serien, meint er, seien damals (1369) noch immer gesondert gelegen, wenigstens begegne man einer Reihe von Päpsten, von denen die einzelnen Jahrgänge als einzelne Bücher mit selbstständigem Einbande oder Umschlage aufgestellt gewesen seien; zu ihnen gehörten eben die im Inventar verzeichneten 11 libri Innocenz' III.[3])

---

1) S. oben S. 1.
2) S. unten die betreffende Note zu diesen Jahrgängen. Vorsichtiger hätten Herrn Kaltenbrunner selbst die dürftigen Bemerkungen bei Munch, Aufschlüsse über das päpstl. Archiv, übers. v. Löwenfeld S. 66 machen können. Dass der Band nunmehr im Vat. Archiv steht, konnte jedoch Kaltenbrunner noch nicht wissen.
3) Mittheilungen S. 278.

Aber wie beweist dies Kaltenbrunner? Sehr einfach. Auch heute besitze das Vat. Archiv nur 11 Jahrgänge. Da nun die Zahl 11 stimmt, so muss auch alles andere stimmen. Unter 'libri' haben wir uns Jahrgänge zu denken. Da aber heute der Jahrgang 4 und die drei letzten verloren sind, der 3. nur im Bruchstücke vorhanden ist, zur Zeit der Abfassung von Kaltenbrunners Abhandlung auch die Jahrgänge 10—12 fehlten, so mussten alle natürlich bereits 1369 verloren gewesen sein. Wie würde nun aber Kaltenbrunner heute schliessen, wo im Vat. Archiv die Jahrgänge 10—12 existieren, im ganzen also dort 14 Jahrgänge Innocenz' III. aufbewahrt werden? Die einzelnen Jahrgänge sollen ferner mit selbständigem Einbande aufgestellt gewesen sein? Allein im J. 1339 finden wir gerade das Gegentheil. In den meisten volumina waren 2—4 Jahrgänge[1]), und solche volumina gab es damals ohne den liber super negotio romani imperii ebenfalls 11. Was muss man daraus schliessen? Dass eben die 11 libri im Inventar vom J. 1369 nicht, wie Kaltenbrunner will, 11 Jahrgänge, sondern 11 volumina bedeuten, welche die verschiedenen Jahrgänge enthielten. Wie im J. 1339, so waren noch im J. 1369 einzelne jener volumina 'corio', andere 'carta pecudina', d. i. 'pergameno' cooperti, wie aus dem Inventare erhellt.

Es lohnt sich nicht der Mühe auf Kaltenbrunners Erklärungsversuche der im Inventar vom J. 1369 den übrigen Regestenbänden beigesetzten Zahlen einzugehen. Man kennt nun Kaltenbrunners Methode. Er sah nicht ein, dass die blossen Zahlen alle möglichen Combinationen zulassen, und dass mit diesen nichts gedient sei. Ich für meinen Theil hätte mich begnügt, den betreffenden Abschnitt im Inventar vom J. 1369 einfach abzudrucken und den dortigen Angaben den heutigen Bestand in den Anmerkungen gegenüberzustellen. Mehr lässt sich mit jenem Verzeichniss nicht anfangen. Zum Glücke ist dies wenigstens hinsichtlich der Regesten des 13. Jhs. nicht mehr nothwendig, da uns das Inventar vom J. 1339 über dieselben genügend aufklärt, und wir nicht mehr bloss auf Vermuthungen angewiesen

---

1) S. unten das Inventar.

sind, 'über die wir', wie Kaltenbruner meint, 'wohl kaum jemals hinauskommen werden'.

Foliierung. Indices. — Wir betreten nun das paläographische Gebiet, und berühren hier sowie in dem nächstfolgenden Paragraphen einen Punkt, welcher von grösserer Wichtigkeit ist als der im vorigen Abschnitte behandelte.

Kaltenbrunner bemerkte den Unterschied zwischen den einzelnen Indices der Regestenbände des 13. Jhs. Während nämlich einige auf die Briefnummern verweisen, ist bei andern die Einrichtung so, dass von dem ersten und letzten der éinem Blatte angehörigen Stücke zu der am Rande stehenden Blattzahl Striche gezogen werden oder dass wenigstens unter die éine Blattzahl die auf dem Blatte stehenden Briefe zusammengefasst werden. Die ersteren beziehen sich ferner immer nur auf einen Jahrgang, während die letzteren alle in einem Bande vereinten Jahre umfassen. Die ersteren werden als Capitula, die letzteren als Rubricae bezeichnet.

Wann sind nun diese Indices angefertigt worden? Woher die Verschiedenheit zwischen ihnen? Kaltenbrunner hatte richtig bemerkt, dass die Capitula 'auf eine gleichzeitige d. h. unmittelbar auf die Anlage der Register selbst folgende oder mit ihnen gleichen Schritt haltende Abfassung und Niederschreibung schliessen lassen'[1]). Solche Capitula sind uns erhalten in n. 14. 16—20 (Gregor IX.), n. 26 (Urban IV. an. 1.), n. 32 (Clem. IV.), n. 37 (Gregor X.), n. 39 (Nicolaus III.), n. 41 (Martin IV.), n. 43 (Honorius IV.), n. 44, 45, 46 (Nicolaus IV.), dann bei Bonifaz VIII. u. s. w. In n. 40 (Nicolaus III.) steht: 'tabula litterarum'.

Aus welcher Zeit stammen aber die anderen Indices? Sie stehen in n. 4. 7. 7A (Innocenz III.), n. 10. 11 (Honorius III.), n. 26 (an. 2) 28. 29 (Urban IV.). Kaltenbrunner wiederholt öfters, sie seien 'unter oder nach Urban IV'. angefertigt worden[2]). Unter 'nach' Urban IV. versteht er aber nicht eine geraume Zeit, was der ein anderes Mal gebrauchte Ausdruck 'noch etwas später'[3]) beweist. Kaltenbrunners Raisonnement ist folgendes:

---
1) S. 259.
2) S. 256. 257. 259.
3) S. 218.

Die Indices der Regesten Innocenz' III. und Honorius' III. sind den Codices selbst keineswegs gleichzeitig, 'ihre von der Registerschrift ganz abweichende stark zur Urkunden-Cursive neigende Schrift lässt auf nachträgliche Anlage schliessen. Dieselbe Schrift und dieselbe Anlage der Indices taucht dann nochmals in dem zweiten und dritten Jahrgange Urbans IV. auf, und es ist daher wahrscheinlich, dass die der beiden ersten Päpste erst zu dieser Zeit oder noch später angelegt wurden'[1]). Kaltenbrunner hat nicht geahnt, welche Blössen er sich hiemit auf diplomatischem und paläographischem Gebiete gegeben hat.

Fürs erste hat er die Registerbände Johanns XXII. nicht durchmustert, denn sonst hätte er finden müssen, dass in den Secretenregistern n. 111—117 (an. 7—18) Johanns XXII. wieder ganz dieselben Indices auftauchen, und man mit grösserm Rechte schliessen könnte: es ist wahrscheinlich, dass die Indices Innocenz' III., Honorius' III. und Urbans IV. erst zur Zeit Johanns XXII. oder noch etwas später angelegt wurden. Wie konnte es aber Kaltenbrunner entgehen, dass die genannten Indices ihrer Schrift nach keineswegs dem 13. Jh. angehören können? Wie konnte er sich zur Behauptung versteigen, die Schrift neige stark zur Urkunden-Cursive hin, d. i. zur Urkunden-Cursive unter oder etwas nach Urban IV.? Wer nur einigen paläographischen Blick besitzt, sieht sofort, dass diese Indices keinesfalls vor der zweiten Hälfte des 14. Jhs. geschrieben sein können. Delisle war weit mehr im Rechte sie in das Ende des 14. Jhs. zu setzen[2]), obwohl, wie wir sehen werden, Munch das Richtige getroffen hat, wenigstens die zu Honorius III. der Mitte des 14. Jhs. zuzuweisen[3]).

Sehen wir nun aber, ob wir die Zeit, wann diese Indices angefertigt wurden, nicht näher bestimmen können.

Thatsache ist zunächst, dass jene Indices im Inventar vom J. 1339 noch nicht erwähnt werden, während doch die 'Rubricae seu Capitula' (oder auch nur 'Rubricae') der ersten Klasse Be-

---

1) S. 256.
2) Bibliothèque de l'école des chartes t. 46 p. 85.
3) Aufschlüsse über das päpstliche Archiv übers. von Löwenfeld S. 66.

rücksichtigung finden. Auffällig ist dies besonders bei Urban IV. Das 1. Jahr besitzt einen alten Index, und da heisst es auch im Inventar: quod incipit post Rubricas in secundo folio u. s. w.; im dritten und vierten Jahre stehen die in Frage stehenden Indices und da schweigt unser Inventar. Dies ist doch ein Zeichen, dass sie 1339 noch nicht existiert haben. Wollte jemand behaupten, die Indices seien eben damals noch separat gelegen, so ist darauf zu erwiedern, dass das Inventar nur von einem Papste separate Indices aufweist, nämlich von Gregor X. an. 3. und 4., die nun nicht mehr existieren.

Wann sind nun aber dann die Indices, um die es sich hier handelt, geschrieben worden? Einige Notizen aus dem Pontificate Urbans V. geben darüber sehr erwünschten Aufschluss. Es sind Bezahlungen, die für Anfertigung von 'Rubricae' mehrerer Regestenbände Johanns XXII. und solcher 'pontificum antiquorum' gemacht wurden, mit dem Zusatze, die Rubricae möchten zu den betreffenden Bänden gelegt werden[1]).

Beziehen sich diese Zahlungen nicht auf die eben citierten Rubricae Johanns XXII. und der Regestenbände Innocenz' III., Honorius' III. und Urbans IV.? Vor Urban V. begegneten mir in den päpstlichen Rechnungsbüchern keine derartige Bemerkungen. Wenn sich nun dieselben nicht auf die genannten In-

---

1) Introit. et exit. dam. apost. Urb. V. n. 321 fol. 67 enthält zum 16. December 1366 die Rubrik: Die eadem soluti fuerunt de dicto mandato (papae) domino Nicolao de Auximo domini nostri pape prothonotario et secretario pro rubricis VIIII. voluminum regestrorum domini Johannis Pape XXII., quas idem dominus Nicolaus facit dictari et grossari salvo jure calculi si plus expendet vel minus domino Warnero de Haselbecche, canonico Buniensi Coloniensis diocesis, socio suo pro ipso manualiter recipiente LXXX flor. ad grayletum. Etwas gekürzt auch in Instrum. miscell. 1366 December. In den Introit. et exit. l. c. fol. 113b steht zum 20. April 1367: Die XX. dicti mensis soluti fuerunt de mandato domini nostri Pape domino Nicolao de Auximo prothonotario et secretario domini nostri Pape, quos debet solvere pro dictamine rubricarum multorum voluminum regestrorum quorumdam summorum Pontificum antiquorum, et copia ipsarum rubricarum posita in pergameno ponenda cum suis voluminibus, de quibus debet reddere rationem, Nicolao de Auximo scriptore domini nostri Pape ejusdem domini Nicolay nepote pro ipso recipiente manualiter C flor. ad grayletum. Dieselbe Notiz steht auch n. 124 fol. 49a.

dices beziehen, welche andere sollten sie dann im Auge haben? Dass unter ihnen nur die in Rede stehenden gemeint seien, ergibt sich aus der folgenden Untersuchung.

Wir finden nämlich in den Rubricellen selbst eine Bestätigung, dass sie wenigstens nicht vor Urban V. niedergeschrieben wurden, und zwar gerade jene, auf die Kaltenbrunner ein besonderes Gewicht legt, nämlich die zu Urban IV. Am oberen Rande der Rubriken zum 2. Jahre Urbans IV. (n. 26 fol. 40a) steht die Bemerkung: Iste sunt rubrice de libro II. anni domini Urbani v^{ti} iiij. Das v^{ti} wurde jedoch vom Schreiber selbst durchstrichen. Diese Notiz beweist unumstösslich, dass sie nicht vor Urban V. geschrieben worden ist, denn wie konnte ein Schreiber Urban V. statt IV. setzen, ehe es einen Urban V. gab? Wem fällt es ein Pius X. oder Leo XIV. statt Pius IX. oder Leo XIII. zu schreiben, ehe es einen Pius X. oder Leo XIV. gibt? Wie soll nun aber gar ein Schreiber der Kanzlei Urbans IV. obige Notiz hingesetzt haben? Dieselbe beweist vielmehr, dass dem Schreiber bereits sehr geläufig war 'Urban V.' zu schreiben, und zwar wohl deshalb, weil er in der Kanzlei Urbans V. angestellt war. Kann nun aber die Bemerkung nicht vor Urban V. geschrieben worden sein, so auch nicht die Rubricae selbst, denn mögen sie von einer andern Hand herrühren, so doch keineswegs von einer älteren. Die ganzen Rubriken sammt der Bemerkung am Kopfe sind vielmehr eine schöne Beleuchtung des soeben gebrachten Stückes über die Zahlungsleistung für die unter Urban V. angefertigten Rubriken zu den Regesten der älteren Päpste, zu welchen jene gelegt werden sollten.

Wir wissen sogar, wer die Rubriken zu Urban IV. geschrieben oder die Abfassung geleitet hat. Es ist derselbe, welcher sie auch wenigstens theilweise zu Johann XXII. verfertigt hat, nämlich Johann de Neapoli. Am obern Rande zum Index von n. 29 (Urban IV. an. 3.) steht: Rubrice Urbani[1]) iiij. facte per dom. Joan. de Neapoli de anno tercio. Zum Index in n. 110 (Secretenband Johanns XXII.) steht am oberen Rande dieselbe Bemerkung: Rubrice per dom. Joan. de Neapoli u. s. w. Nun

---

1) 'Urbani' ist über ein durchstrichenes Wort geschrieben.

ist aber die Schrift identisch mit der am Kopfe der Rubriken zum 2. Jahre Urbans IV., wo der Schreiber Urban V. statt IV. setzte. Diese Indices weisen also durchaus auf die Zeit Urbans V., und Johann de Neapoli war einer von jenen, welcher mit der Abfassung derselben beschäftigt war[1]).

Der Name eines Schreibers oder Leiters solcher Indices ist uns übrigens positiv durch die Kanzlei Urbans V. verbürgt. Über dem Index zu n. 5 (Innocenz' III.) liest man: Rubrice de annis VIII. et IX. Innocentii III. facte per G. Sanh. Cor. Dieser Schreiber ist kein anderer als G. Sanheti, welcher im Conceptenband n. 244 M zu wiederholten Malen auf der Rückseite von Briefconcepten Urbans V. steht und auch in den übrigen Bänden dieser Serie häufig vorkommt. Der Name ist hier wie dort in derselben Weise abgekürzt, in den Conceptenbänden n. 244 A, 244 C, 244 F, 244 H ist er wie oben ausgeschrieben[2]).

Hat sich denn aber auch die Praxis, in den Indices auf die Folia und nicht auf die Briefnummern zu verweisen, viel früher als zur Zeit Urbans V. in der päpstlichen Kanzlei eingebürgert? Durchmustern wir die den einzelnen Regestenbänden gleichzeitigen Rubriken, so gewahren wir, dass letztere noch zur Zeit Johanns XXII. nur Beziehung auf die Briefnummern enthalten. Beim Secretenband n. 110 dieses Papstes wurden die Folia erst nachträglich, in späterer Zeit, den Briefnummern beigegeben und der Band selbst foliiert, wie ein Vergleich beider Schriftarten und Dinten ergibt. In diesen alten Index wurde dann später eine Ergänzung von 5 (resp. 6) Blättern gegeben, die eben von Johann de Neapoli herrührt, der der Gleichförmigkeit wegen mit dem Vorausgehenden anfänglich auch die Briefnummern notierte. Erst die Secretenregister (nicht die der litterae communes) Benedicts XII. weisen einen Unterschied gegen früher auf. In

---

1) Er steht auch am Kopfe des Vorsetzblattes zum Index des Regestenbandes n. 4 (Innocenz III).

2) Man würde sich täuschen, wollte man glauben, die Bände, die im Vat. Archiv Innocenz VI. zugeschrieben werden, enthielten durchaus Concepte Innocenz' VI. Bei sehr vielen lässt sich mit Sicherheit bestimmen, dass sie Urban V. angehören. Vgl. dazu Werunsky in den Mittheilungen d. Inst. f. österr. Geschichtsf. VI, 140 ff.

deren Indices geschieht zugleich ein Hinweis auf Folia und die Briefnummern. Doch das System nur auf die Folia zu zeigen findet sich erst in den letzten Secretenregesten Clemens' VI. (n. 143—146), während noch in den Secretenbänden n. 141 und 142 wie in den Indices zu den litterae communes nur die Briefnummern notiert werden[1]). Die Secretenregister Innocenz' VI. und Urbans V. weisen dann durchaus die Art und Weise der letzten Secretenregister Clemens' VI. auf, während die Indices zu den litterae communes Innocenz' VI. noch nach den Briefnummern bearbeitet wurden, die Indices zu den Indult. et comm. Urbans V aber wie die Regesten selbst hinsichtlich der Rubricierung vielfach unvollendet geblieben sind. Bloss in n. 258 wurde, wie es scheint ursprünglich, die Numerierung der litterae und der Rubriken durchgeführt, in 252—254 aber nachträglich die Rubriken, nicht die Briefe selbst, numeriert (die dort befindlichen arabischen Zahlen stammen aus späterer Zeit), die übrigen Bände aber entbehren der Nummern. Schon in n. 110 (Secretenband Johanns XXII.) bemerkt man, dass die Numerierung nicht durchgeführt wurde; unabhängig, möchte man fast sagen, von den einzelnen Briefen wurden den Rubriken zu denselben Zahlen beigegeben.

Es ist hier nicht der Ort auf die sonst verschiedene Anlage der Indices nach Johann XXII., die im Zusammenhange mit der verschiedenen Anlage der Briefsammlungen steht, einzugehen. Hier genügt uns das Resultat, dass die in Frage stehenden Indices zu Innocenz III., Honorius III., Urban IV. sowie auch zu den meisten Secretenbänden Johanns XXII. erst aus der Zeit Urbans V. stammen. Sie stehen ganz apart und wurden mit einem weit geringeren Fleisse angelegt und geschrieben als die Indices, welche mit den Regestenbänden fast gleichzeitig abgefasst wurden. Man erkennt die Hast und Eile[2]), mit der sie

---

1) Die Secretenregister n. 137—140 enthalten ebenfalls Indices mit Hinweis auf die Nummern. Allein die Abfassung dieser Indices fällt wohl in eine spätere Zeit als die der Regesten selbst. Es war aber ein Index mit Hinweis auf die Briefnummern schon ursprünglich intendiert, da die einzelnen Briefe der Regesten die römischen Zahlen tragen.

2) Ein wahres Muster ist der Index, welcher dem Regestenbande n. 7

fertig gemacht wurden. Theilweise lag dies wohl in der Natur der Sache.

Übrigens besass Kaltenbrunner keinen richtigen Begriff von den Formen der päpstlichen Kanzlei. Er wusste, dass bis Urban IV. die Rubricae stereotyp 'Capitula' genannt wurden. Es konnte ihm nicht entgehen, dass dies auch noch im 1. Jahre Urbans IV. der Fall war.

Und hätte er sich besser umgesehen, so würde er gefunden haben, dass nach Urban IV. bis zu den avignonesischen Päpsten dieser Gebrauch herrschte¹), ja, dass noch im Originalregister des 1. Jahres Clemens' V. der Ausdruck 'Capitulum' gebraucht wurde, während die Indices zu unsern Regesten dieses Papstes als 'Rubricae' und nicht mehr als 'Capitula' bezeichnet werden. Wie könnte man es sich nun, von allem andern abgesehen, angesichts der festen Formen der damaligen päpstlichen Kanzlei erklären, dass man während des Pontificates Urbans IV. oder etwas später vom herrschenden fest eingebürgerten Usus auf kurze Zeit abwich, um ihn alsbald wieder aufzunehmen? Wenn man unter Clemens V. allmählig vom alten Gebrauch abkam, so hat dies nichts auf sich, denn die Verlegung des päpstlichen Thrones nach Frankreich brachte auch in den Formen manche Veränderungen mit sich²).

Ehe ich weitergehe, muss ich noch auf eine andere Art von Indices aufmerksam machen, die Kaltenbrunner nicht kannte, mir aber bei Herausgabe der Inventare manche Dienste geleistet haben.

Es gibt nämlich noch eine Serie von Indices, deren Zweck

Innocenz' III. beigebunden ist. Wer diese Arbeit in die Zeit Urbans IV. setzt, möge seine diplomatischen Studien mit andern vertauschen.

1) Sowohl zu Bonifaz' VIII. als zu Benedicts XI. Regesten werden die Rubriken noch immer wie früher 'Capitula' genannt. Wegen n. 40 s. S. 27.

2) Ich werde in den Anmerkungen zum Inventar durchweg auf die Indices aufmerksam machen, und bezeichne die den Regesten gleichzeitigen als 'alte', die andern soeben besprochenen aber (d. i. zu Innocenz III., Honorius III. und Urban IV.) als 'neue' oder 'neuere'. Da es nun genügend bekannt ist, dass in den Regesten die 'alten' Indices als 'Capitula' bezeichnet werden, so kann ich dort vom Ausdrucke selbst absehen, gleichwie auch das Inventar selbst promiscue 'Capitula' und 'Rubricae' gebraucht.

nicht der der übrigen gewesen sein konnte, zu den betreffenden Regestenbänden gelegt zu werden, sondern die gewissermassen zum Handgebrauche angefertigt wurden. Ich will hier solche anführen.

Im Cod. Paris 4118. (in 4°) sind mehrere Fragmente von Indices zu Registerbäuden verbunden. Sie stammen sämmtlich aus dem 14. Jh. und gehörten einst, wie sich ergeben wird, dem päpstlichen Archive an.

Fol. 1—4 ist der letzte Quaternio eines Index (auf Papier) zu den Briefen Johanns VIII. (s. unten zum Inventar).

Das interessanteste Index-Fragment dieses Bandes ist das von fol. 5—22 (auf Pergament) von Registerbänden Innocenz' III. Es gehört nämlich zu jenen Bruchstücken, die im Vat. Archiv aufbewahrt werden. Habent sua fata libelli! Alle diese Fragmente sind von derselben Hand geschrieben, die innere Lichte der Schrift (Länge und Breite) deckt sich bei ihnen, in beiden wird dasselbe System bei der Anfertigung eingehalten (es sind Blattindices, von dem ersten und letzten auf einer Seite stehendem Stücke werden zu der am Rande stehenden Foliozahl Striche gezogen), und ausserdem enthält das eine dasjenige nicht, was das andere besitzt[1]). Die Rubricellen im Cod. Paris. beginnen mit dem ersten Jahre Innocenz' III. und reichen bis fol. 26b (finis primi libri. Rubrice libri secundi anni). Der Index des zweiten Jahres ist unvollständig; er weist fol. 28b nur noch auf fol. 158 des Registerbandes (letzter Brief: Abbati et fratribus sancti Michaelis, recipiuntur sub protectione). Die

---

1) Die im Vat. Archiv befindlichen ergänzenden Bruchstücke stehen an verschiedenen Orten. Das eine enthält die Jahrgänge 3. 4; fragmentarisch 10—12 und 18. 19. Theiner hat in den Vetera monumenta Slavorum meridionalium historiam illustrantia I, 47—70 jene, welche sich auf das 3., 4. und 18. 19. Jahr (letztere im Auszuge bei La Porte du Theil, Diplomata II, 1103) veröffentlicht. Diese Rubricellen waren den Registerbänden Innocenz VI. n. 11 und 29 der avignonesischen Sammlung beigeheftet, was Theiner in der Praefatio obwohl ungenau berichtet, und auch Munch, Aufschlüsse über das päpstl. Archiv, übersetzt von Löwenfeld S. 66 bemerkt. Wie dort erhellt, hat jene Fragmente nicht Theiner, sondern Munch aufgefunden. Beim 18. Jahr fehlt der Anfang. Diese Bruchstücke befinden sich jetzt im Arm. 50 bei anderen (diversen) Indices und Rubricellen der päpstlichen Register. Im tom. 10 der Regesten Urbans V. (an. 3. p. l.) der avignonesischen Sammlung existiert fol. 50—61 (die 6 letzten Blätter leer) ein anderes Bruchstück, das Theiner und Munch nicht kannten. Es enthält die Fortsetzung des im Pariser Codex unvollständigen 2. Jahres. Dort bricht nämlich das Fragment in fol. 158 ab; im Vat. stehen noch die Rubricellen zu den übrigen Briefen des fol. 158, und dann die fol. 159 u. ff. weiter bis zum Schlusse des 2. Jahres fol. 217.

Fortsetzung ist im Vaticanischen Archiv. S. oben S. 34 Anmerkung 1. Fol. 29 in Paris beginnt: Incipit tercius decimus liber Regestrorum domini Innocentii pape iij. anno tercio decimo. Fol. 35a beginnt das 14.: Incipit quartus decimus liber maiorum regestrorum domini Innocentii pape tercii. Fol. 40a das 15.: Incipit quintus decimus liber regestrorum Innocentii pape iij. Fol. 47b das 16.: Incipit sextus decimus liber regestrorum domini Innocentii pape tercii. Wie aus den fortlaufenden Foliozahlen hervorgeht, waren alle vier Jahrgänge in einem Bande.

Fol. 53.: Incipiunt capitula regestri anni primi domini Urbani pape quarti. Fol. 58: Incipiunt rubrice de anno ij. dicti domini Urbani iiij. Auf Fol. 67 begannen die 'Capitula' eines andern Registrum, allein die Blätter sind weggerissen[1]).

Fol. 72 (Incipiunt capitu)la litterarum curialium registri anni secundi domini Clementis pape IIII. Fol. 73: Incipiunt capitula regestri anni tertii domini Clementis. Fol. 81: Incipiunt capitula litterarum curialium regestri eiusdem anni[2]). Dieses Register ist in einem schlimmen Zustande.

Fol. 82: Incipiunt capitula regestri litterarum primi anni domini Martini pape quarti[3]), bis fol. 87.

Die Indices von fol. 5 — 87 sind sämmtlich auf Pergament und stammen aus einer und derselben Zeit. Sie besitzen die ganz gleiche Anlage, wie die früher besprochenen zu Innocenz III. u. s. w. Der Schrift nach möchte ich sie aber fast in eine spätere Epoche setzen als jene, eher in die Periode der Gegenpäpste Clemens' VII. und Benedicts XIII. Aber wahrscheinlich sind sie ebenfalls unter Urban V. geschrieben worden. Der Index zu Johann VIII. fol. 1 — 4 ist älteren Datums, jedoch aus dem 14. Jh. Er verweist auf die Briefnummern[4]).

---

1) Die Überschrift: Incipiunt capitula etc. ist dem alten Index zu Urbans Regesten an. 1. (n. 26) entnommen. Da das 2. Jahr keinen alten Index besass, wurde er unter Urban V. erst neu angefertigt, und deshalb das damals gebräuchliche 'Rubrice' statt 'Capitula' angewendet. Die folgenden 'Capitula' des Index bezogen sich wohl wahrscheinlich auf das 1. Jahr Clemens' IV., das in den Regesten (n. 32) alte Capitula etc. vorgeheftet hat.

2) Auch hier wurde die Bezeichnung 'Capitula' aus den bereits existierenden alten Indices der Regestenbände Clemens' IV. herübergenommen.

3) Es verhält sich hier ebenso, wie mit den eben erwähnten. Der alte Index zum an. 1. Martins IV. beginnt: Incipiunt capitula regestri litterarum primi a(nni domini Martini pape quarti). Das in Klammern gesetzte ausgelöscht.

4) Moderne Indices enthalten Codd. Vat. 5302. 7181 u. s. w.; ältere aber sind im Arch. Vat. arm. 50 n. 34. Ich erwähne namentlich die Urbans IV.

Fol. 88 der eben erwähnten Hs. finden sich auf Papier Rubricae anni tercii pontificatus domini Benedicti pape xij. (roth). Bei jedem einzelnen Briefe steht vorne die Nummer, die er im Bande besitzt, rückwärts die Angabe der Taxe, wie dies schon in den Papierregistern Clemens' V. vorkommt. Am Schlusse der Hs. sind die Rubrice litterarum de curia anni tercii domini Benedicti pape xij. erwähnt. Dieser Index ist dem Pontificatsjahre gleichzeitig und gehört zum betreffenden Papierregisterband der Avignones. Sammlung im Vat. Archiv. t. 4 [1]).

Wann ist nun aber die **Foliierung** der Regestenbände durchgeführt worden? Kaltenbrunner hat eingesehen, dass bei ihnen von einer gleichzeitigen Foliierung keine Rede sein könne [2]). Aber aus welcher Zeit ungefähr stammt sie? Lässt sich denn nicht mit ein wenig paläographischer Kenntniss aus der Form der römischen Zahlen, der Dinte und der Art und Weise wie dieselbe da und dort verblichen ist, ungefähr auf die Entstehungsgeschichte schliessen? Muss man vielleicht verschiedene Perioden annehmen? Unser Diplomatiker Kaltenbrunner ist hier äusserst vorsichtig, er wagt nur zu behaupten, dass sich in den Bänden des Registers Innocenz' III., Honorius' III. und Urbans IV. 'eine bedeutend ältere Foliierung, welche wir mit der Anfertigung der Indices für die betreffenden Bände in Zusammenhang bringen können' nachweisen lasse. Es sei wahrscheinlich, dass gelegentlich der Anlage dieser Indices die Foliierung in diesen Bänden durchgeführt worden ist [3]). Demgemäss würde also die Foliierung in denselben aus der Zeit unter oder etwas nach Urban IV. stammen. Somit irrt sich Kaltenbrunner auch hinsichtlich der Zeitbestimmung, wann die genannten Bände foliiert wurden, um ein ganzes Jh. Wie konnte ihm gerade bei den Regestenbänden Urbans IV. der Unterschied zwischen den römischen Blattzahlen und den alten römischen Briefnummern entgehen? Die einzigen an. 10. 11. Honorius' III. enthalten alte Foliierung.

---

1) Diese Rubriken gehören zu jenen, von denen im Inventar vom Jahre 1369 (n. 468 der avignonesischen Sammlung) die Rede ist. Fol. 104 b: Item septem quaterni papirei cooperti pergameno continentes rubricas litterarum domini Benedicti pape xij. suo tempore factarum.
2) L. c. S. 254.   3) S. 255.

Dieser Irrthum Kaltenbrunners hängt mit einem weit schwerer wiegenden, der seine Geschichte hat, zusammen, gleichwie überhaupt die Frage der Foliierung nur theilweise zur Anfertigung der Indices, vielmehr aber noch zu den Schreibernotizen in den Regestenbänden des 13. Jhs. in engster Beziehung steht. Wie dies zu verstehen sei, möge der nächste Abschnitt, der eine Menge Illusionen zerstört, aufklären.

Schreiber. Blattvermerke. — In den Regestenbänden stehen öfters Schreiber verzeichnet, ja man findet sogar manchmal notiert, wie viel sie geschrieben haben, wo sie anfangen, wo sie aufhören sollen u. s. w. Früher achtete man nicht auf diese Vermerke. Erst die neuere Diplomatik machte auf dieselben aufmerksam. Zuerst führte Pertz eine Anzahl solcher Noten an[1]), Kaltenbrunner aber ergänzte Pertz' Arbeit[2]). Ich will von diesen Vermerken vorläufig nur einige ausheben. Am Beginne von fol. 145 des 2. Jahres Innocenz' III.: Jo. de Porta coplevit. 5. Jahr fol. 1: Maquardus scribit presentem librum. An. 7. 8. (n. 12) Honorius III.: Liber septimus dni Honorii tercii, quem scripsit dns Jaquetelli, et debetur poni cum libro viij. eiusdem Honorii, quem scribit Johannes Noleti Cathalaun. diocesis.

Wer sind nun diese Schreiber? Rühren von ihnen unsere Regestenbände her? Das ist die Ansicht Pertz', Kaltenbrunners und Anderer[3]). Letzterer spricht sich darüber also aus: 'Durch

---

1) Archiv V, 347. Pertz glaubte die Namen einiger Schreiber und den Preis ihrer Arbeit gefunden zu haben. 'Man achtete bei der Wahl dieser Männer' meint er, 'nicht allein auf Kunst der Hand, sondern ... auf feste Verhältnisse mit der Curie und Erfahrenheit in deren Formen'. S. 348.

2) Mitthl. S. 215 ff. Auch Berger, Les Registres d'Innocent. IV. I, XIV. führte die Namen der in den Registern Innocenz' IV. vorfindlichen Namen an.

3) Bergers Ansicht ist von der Kaltenbrunners nicht wesentlich verschieden; er setzt zwar die Bemerkung in n. 22 (Innocenz IV.) fol. 112b: Martinus de stans complevit librum istum u. s. w. 'vers la fin du XIII* siècle no le commencement du XIV*', nimmt aber dann doch an, Martin von Stans hätte sich mit Johann Lardati, Gaufrid, Alardus Baillivi und Petrus de Porta, deren Namen man ebenfalls da und dort liest, in die Redaction des Registers getheilt. Munch, Aufschlüsse über das päpstliche Archiv, übersetzt von Löwenfeld S. 31 f., hält wie es scheint die Notiz: Martinus de stans etc. dem Bande für gleichzeitig. Auch Ottenthal (Mitthl. d. Inst. österr. Geschichtsf.

ähnliche Schreibernoten erfahren wir nun auch einiges über die Zusammensetzung der Bände, und aus ihnen ergibt sich zunächst mit Sicherheit die für die Beurtheilung der Anlage wichtige Thatsache, dass die Theilung der Arbeit nach Lagen oder Jahren, nicht nach Briefen oder Briefgruppen vorgenommen wurde'[1]). Wir kennen, meint er, 'eine beträchtliche Anzahl von Männern, deren Fleisse wir die Register verdanken'[2]). Aber nicht bloss dies; jene Männer, die unsere Regesten geschrieben und sich auf manchen Blättern derselben verewigt haben, hinterliessen 'uns auch über die praktische Frage der Entlohnung Aufschlüsse', nämlich über die da und dort angeführten Schreibertaxen[3]).

Das wäre nun allerdings sehr schön, hätten sich Pertz, Kaltenbrunner und Andere nur nicht um ein bis anderthalb Jahrhundert verrechnet. Alle Notizen dieser Art stammen nämlich in unsern Regestenbänden erst aus der Zeit Urbans V. Von sämmtlichen bei Pertz, Kaltenbrunner und Berger citierten Noten ist die einzige in n. 32 (Clemens IV.) auf fol. 126b stehende der Abfassung eines Regestenbandes Urbans IV. gleichzeitig'[4]).

Auch ohne meine Behelfe hätte man durch blossen Blick finden müssen, dass die Schrift jener Vermerke nicht dem 13., sondern dem 14. Jh., und zwar nicht dem Beginne desselben,

---

V, 132) liess sich täuschen, bezog die Notizen im Bande Benedicts XI. auf die demselben gleichzeitigen Schreiber und citiert die auf dem letzten Blatte befindliche Note, die doch ausgesprochener Weise den Zug der 2. Hälfte des 14. Jhs. verrät. Ebenso gehören die Herausgeber des Regestum Clementis papae quinti I, XVIII sq. CIV hieher. An der zuletzt genannten Stelle handelt es sich um dieselbe Note, welche Ottenthal citiert.

1) A. a. O.
2) S. 219.
3) Ebd.
4) Es versteht sich von selbst, dass in diesen Kreis nicht die in n. 29 öfters am Rande verzeichneten Bemerkungen über die Bullen oder die, welchen sie bewilligt wurden, gehören. Mit Recht trennen sie Pertz und Kaltenbrunner von den oben zur Sprache kommenden. Allein beide Forscher hätten durch einen Vergleich des Schriftcharakters dieser Noten mit dem der hier in Rede stehenden auf den Unterschied der Schreibweise und dadurch auf den Unterschied zwischen dem 13. und der 2. Hälfte des 14. Jhs. geführt werden können.

angehöre. Wie war die Annahme möglich, die Regestenschrift des 13. Jhs. rühre von jenen Schreibern her, deren Namen den Charakter der Mitte des 14. Jhs. aufweisen? Geradezu wunderbar ist es, dass den Herren Pertz und Kaltenbrunner der Unterschied zwischen den Schriftzügen der Namen am Rande und der Regestenschrift im Texte nicht bei Innocenz III. und Honorius III. auffiel[1]). Mir ist es ein Räthsel, zudem Pertz bemerkt hat, dass die Schriftzüge der Regesten Innocenz' III. der Minuskel des 12. Jhs. nahe stehen. Ich kann beide Forscher nur des Mangels an paläographischer Kenntnis hinsichtlich der Schriftarten des 13. und 14. Jhs. anklagen. Aber auch trotz dieses Mangels hätte sie die Ausdrucksweise einzelner Notizen wenigstens zum Zweifel bringen sollen. In n. 24 (Alexander IV.) steht fol. 121a oben: non scribantur. Fol. 70: hic incipe. N. 9 (Honorius III.) fol. 1: Floretus copiavit. In n. 51 (Benedict XI.) fol. 122b unten: hic cessa scribere, und doch folgt auf 123a die Fortsetzung, wo zugleich steht: Quaternos precedentes, qui sunt in numero xiij, scribit Rñdus Pinchenerii clericus domini Witalis, magistri hospitii domini thesaurarii, et scribit in mediocri forma. Kaltenbrunner wurde auf die meisten der Notizen aufmerksam; allein er wusste keine rechte Erklärung zu geben. Völlig ratlos stand er da darüber Aufschluss zu geben, weshalb im Regestenbande selbst kein Wechsel der Hände zu constatieren sei, während doch manchmal in demselben sich verschiedene Schreiber ankündigen. Man vgl. z. B. in n. 29 (Urban IV.) fol. 113b: In sequenti quaterno incepit scribere Sygerus Nolini etc.

Ich will nun den wahren Sachverhalt darstellen, und Kaltenbrunners Hypothesen, die bereits acceptiert wurden[2]), für immer

---

1) Ich möchte nicht viel auf die Verschiedenheit der Schrift an sich geben, da ja Cursive und Minuskel verschieden sind, mögen sie auch von derselben Hand herrühren. Aber die Namen sind meist in der Minuskelschrift geschrieben, und wo sich die Schrift zur Cursive hinneigt, trägt sie erst recht den ausgeprägten Charakter der 2. Hälfte des 14. Jhs.

2) So z. B. von Rodenberg im Neuen Archiv X, 532. 574. E. Berger findet natürlich kein Wort gegen Kaltenbrunners Auffassung in Bibl. de l'école des chartes t. 45 p. 366. Ganz anders Delisle. Er bemerkt z. B. zur Note in n. 4 'Jo. de Porta coplevit': en caractères qui ne peuvent guère être antérieurs au XIV° siècle (Bibl. de l'école des chartes t. 46 p. 85); zur Note in

unmöglich machen. Die Untersuchung ist an sich interessant genug und wirft ein schönes Licht auf die Thätigkeit Urbans V., als er sich anschickte Avignon zu verlassen und Rom aufzusuchen. Die genannten Schreibernotizen stehen nämlich in Verbindung mit Urbans V. Übersiedelung von Frankreich nach Italien. Den Papst beschäftigte schon seit 1365 die Rückkehr nach Rom. Doch erst 30. April 1367 führte er seinen Entschluss aus und verliess Avignon, um sich in Marseille einzuschiffen und vorerst nach Viterbo zu ziehen, dessen Einwohnern er am 20. Jänner seine bevorstehende Ankunft gemeldet hatte und wo sich damals der berühmte Cardinallegat Albornoz aufhielt. Am 9. Juni traf Urban in Viterbo ein, am 16. October hielt er seinen Einzug in Rom. Als der Papst bereits Vorbereitungen zu seiner Abreise von Avignon machte, erliess er mannigfaltige Verordnungen, die ihm nothwendigen Sachen 'ultra montes' oder nach Rom zu senden. Zu diesen Dingen gehörten auch Bücher, die er zu dem Zwecke abschreiben liess[1]). Dem Papste, der schon

---

n. 5 'Maquardus scribit presentem librum': en caractères du XIV⁰ ou du XV⁰ siècle (p. 86). Und p. 92 meint er richtig: les noms de copistes, que j'y ai relevés à plusieurs endroits, désignent non pas les scribes à qui nous devons ces registres originaux, mais ceux qui, à une époque postérieure, en ont fait des transcriptions. Der Nachweis, der von einem membre de l'école française de Rome hiefür geliefert werden solle, kam mir noch nicht zu Gesicht.

1) So heisst es z. B. in Introit. et éxit. cam. apost. n. 324 fol. 28 zum 31. März 1367: Die eadem soluti fuerunt de dicto mandato et ordinatione domini nostri de Camera Martino Massuelli clerico Donelianensis diocesis qui copiavit in papiro magnum librum receptorum et expensarum Camere apostolice de anno pontificatus domini nostri Urbani pape V^{ti} anno secundo. Item Everardo Sechestal clerico Monasteriensis diocesis qui copiavit simili modo unum alium magnum librum receptorum et expensarum dicte Camere de anno pontificatus dicti domini pape anno tertio. Item Nicolao de Nastia clerico Cameracensis diocesis qui simili modo copiavit unum alium librum receptorum et expensarum Camere apostolice predicte de pontificatu prefati domini pape anno quarto. Item Vincenclo Ferrandi clerico diocesis Suessalonensis qui copiavit receptas de censibus et de diversis ac collectoriis de annis pontificatus felicis recordationis domini Innocentii nono et decimo, et primo secundo tercio et quarto predicti domini nostri pape Urbani. Quiquidem libri fuerunt copiati ad portandum Rome, dum dominus

das Jahr vorher ein Inventarium privilegiorum et regestrorum ac litterarum ecclesie romane anfertigen[1]), und bald darauf zu den alten Regestenbänden ohne Indices solche verfassen liess, weil er eben den ungeheueren Wert der Regesten an sich und für die päpstliche Kanzlei erkannte[2]), lag es daran, die Regesten bei sich in Italien zu wissen. Die Originale wollte er aber nicht mitnehmen, sei es dass er für sie fürchtete und er den Schatz der Kirche nicht schädigen wollte, sei es dass er an seinem Verbleiben in Italien zweifelte oder nicht der Überzeugung lebte, dass seine Nachfolger seinem Beispiele folgen würden. Kurz, Urban liess von den Regestenbänden Copien anfertigen und gab den Befehl, letztere möchten 'ultra montes', 'Romam sive Viterbium' geschickt werden. In den Rechnungsbüchern für das Jahr 1366—1367 finden sich nicht wenige darauf bezügliche Notizen. Eine der interessanteren möge hier ihren Platz finden.

In Introit et Exit. cam. apost. vom J. 1367 (n. 324 fol. 88a) heisst es:

Die XXII. dicti monsis Septembris soluti fuerunt domino Johanni Rosseti scriptori dñi nostri pape facienti copiari de mandato et ordinatione dñi Camerarij ex precepto dñi pape libros Regestrorum litterarum noster papa ibidem accedet. Pro quibus fuerunt soluti cuilibet predictorum clericorum XII floreni, qui sunt in summa ipsis omnibus manualiter recipientibus XLVIII flor. ca. Dazu vgl. auch ibid. fol. 110.

1) S. Introit. et exit. cam. apost. n. 316 f. 136a. Solchen Notizen begegnet man mehreren. Ich fand auch eine in den Instrum. miscell. 1366 in dem grossen Acte der Expensa und Recepta vom 1. December 1366 — 31. Dezember 1367. Vgl. auch Intr. et exit. n. 324 fol. 44b; 51a.

2) Unter ihm wurden auch viele Regesten gebunden, wie aus den Zahlungen erhellt. Am 22. Sept. 1367 findet man eine Ausgabe für Einbände von 72 librorum in pergameno scriptorum de regestris pontificum, und für religatura von 55 librorum originalium dictorum registrorum, qui fuerunt divisi et soluti. Introit. et exitus cam. apost. n. 321 fol. 151b; n. 324 fol. 87b. Am 31. Mai 1367 ist ebenfalls von der ligatura 24 librorum die Rede. 321 fol. 137. Ausser für Einbände sorgte der Papst auch für Minieren früherer Regestenbände. So heisst es z. B. im Intr. et exit. n. 314 fol. 136b zum 8. August 1366: Die eadem soluti fuerunt dño Nicolao de Auximo prothonotario et secretario dñi ñri pape pro miniandis et ligandis nonnullis Regestris litterarum fe. re. dñi Johannis pape XXII, Silvestro de Cussigniaco scutifero suo pro ipso manualiter recipiente XXX flor. ad grayletum.

diversarum multorum pontificum Romanorum pro portando et mittendo copias Romam sive Viterbium, ubi ordinabitur, pro suis labore et salario qui est xij solidorum pro die sibi per dn̄m Camerarium predictum taxatorum, quandiu in predicto negotio fieri faciendo dictas copias insisteret, vij mensium inceptorum die prima Aprilis proxime preteriti et finiendorum die ultima mensis presentis inclusive, in quibus sunt LXXXIII dies et de mandato dn̄i Thesaurarii ad relationem dn̄i Eblonis de Mederio clerici camere dn̄i nostri pape ipso dn̄o Johanne Rosseti manualiter recipiente xcj. flor. camere de grayleto xij sol.[1]).

Man darf jedoch nicht glauben, dass Johann Rosseti selbst die Copien angelegt habe; wenigstens finde ich für diese Annahme keinen Anhaltspunkt. Er hatte Schreiber unter sich, die selten genannt werden, und für die er das Geld in Empfang nahm. Darum begegnet man in den unten citierten Zahlungsleistungen fortwährend der Phrase: Johanni Rosseti 'pro satisfaciendo certis scriptoribus, per quos fecit copiare Regestra' etc., oder 'pro faciendo copiare' u. s. w.

Dass ferner unter den 'Regestra litterarum diversarum multorum pontificum' auch die alten Papstregesten, d. i. die aus dem 13. Jh. zu verstehen seien, belehren uns weitere Notizen aus den Rechnungsbüchern Urbans V.[2]).

Am 13. October 1367 wurden 12 Gulden bezahlt pro solvendis viij botis pro portando Romam copiam Regestrorum litterarum papalium und andere Dinge[3]).

Wir besitzen sogar noch einige der unter Urban V. angefertigten Copien der älteren päpstlichen Regesten. Vor allem

---

1) Derartige Notizen aus dem J. 1367 stehen auch Intr. et exit. n. 321 fol. 128a; 137a; 139a; 143b. Dann in n. 322 (nicht foliiert) zum 17. Nov. 1367; n. 324 fol. 68b; 75a; 80a. In der Regel heisst es: pro portando (oder mittendo) ultra montes. Später hiess es 'pro portando Rome'. So im Instr. vom Mai 1367 — Mai 1368 in Instr. miscell. 1367.

2) So heisst es Introit. et exit. n. 321 fol. 160 zum J. 1367: Die XVI. dicti mensis (Martii) mutuati fuerunt domino Johanni Rosseti scriptori domini nostri pape pro satisfaciendo certis scriptoribus qui copiant regestra antiqua Romane ecclesie de quibus debet reddere rationem ipso manualiter recipiente ijc. flor. ad grayletum. Ähnlich zum 9. April. Ibid. f. 161. Zum 29. August fol. 148a. Hier steht 'regestra antiqua summorum pontificum'. Ebenso n. 324 fol. 84a.

3) Introit. et exit. n. 321 fol. 154a.

gehören hierher die von verschiedenen Händen angefertigten Abschriften der Jahre 13—16 Innocenz' III. (in n. 8), die Kaltenbrunner wie ersichtlich für Originalregister hält!¹) Ein cassiertes Blatt einer Copie steht ferner in n. 29 (Urban IV.) auf den Einbanddeckel geklebt. Es enthält den Schlusstheil eines päpstl. Schreibens Rome ap. S. Petrum ij. Id. Decembris anno primo. Ich war so glücklich dem Briefe in den päpstlichen Regesten auf die Spur zu kommen. Er stammt von Bonifaz VIII. her und steht in dessen Regesten an. 1. (n. 47) ep. 578. Der Charakter der Schrift stimmt zu dem in der Copie n. 8 (Innocenz III.) fol. 84—103. Zu dem Vorsetzblatte, worauf der Schluss des genannten Briefes steht, gehört das nach zwei leeren Blättern ebenfalls leere Folium, auf dem sich der Name Mascardus findet, dem wir in n. 26 (Urban IV.) fol. 88a wieder begegnen, wo er am Rande hinschrieb: hic incepit Mascardus. Wir wissen nun, weshalb das Blatt cassiert wurde. Der Schreiber fieng auf der verkehrten Seite an den Schluss des Briefes zu schreiben. Die zwei Blätter wurden dann als Umschlag benützt. Von den aus den Regesten Bonifaz' VIII. unter Urban V. angefertigten Abschriften besitzen wir aber noch einen vollständigen Band, nämlich das 8. Jahr im arm. 31 n. 28. Die Schrift stimmt zu der des obengenannten Blattes und zu einem Theile des erwähnten Regestenbandes n. 8 (Innocenz' III.), sie bietet eben den Charakter der 2. Hälfte des 14. Jhs. Der Band Bonifaz' VIII. ist insofern nicht uninteressant, als er uns ein klares Bild von der unter Urban V. eingehaltenen Methode bei Anfertigung der Abschriften gibt²). In n. 38 (2. Theil, Johann XXI.) ist uns eine andere

---

1) Munch setzt sie richtig in die Mitte des 14. Jhs. — Dass der jetzige Band 8 (an. 13—16) Innocenz' III. aus dem Pontificate Urbans V. herrühre beweist die Notiz am Beginne des 16. Jahres (fol. 135): Sygerus Nolini scripsit hunc librum. Dieser Schreiber war nämlich, wie ich sogleich nachweisen werde, in der Kanzlei Urbans V. angestellt.

2) Die Schreiber hielten sich an die Vorlage, copierten auch den Index, wenn sich einer vorfand, so wie er war (mit den Briefnummern), nahmen die Briefnummern auf, wenn der Band solche bot, und unterliessen dann die Foliierung. Diese wurde angebracht, wo, wie in n. 8, kein Index existierte und die Briefe der Nummern entbehrten. In n. 38 fiel es dem Schreiber erst beim 134. Briefe ein, die Nummer hinzusetzen, vergass es aber schon

der unter Urban V. angefertigten Copien erhalten. Ob ein Band der Regestenreihe Clemens' IV. in diesen Kreis gehört? Sicher sind n. 30, n. 33—36 später angefertigte Copien. Unter Urban V. mögen n. 30 oder n. 34 geschrieben worden sein. Wahrscheinlich gilt dies auch von n. 62 (Clem. V., Joann. XXII., Bened. XII., Clem. VI.)[1]).

Doch nicht darum handelt es sich, ob wir noch solche Copien besitzen, sondern in welchem Verhältnisse die unter Urban V. angefertigten Abschriften zu den Schreibernotizen in den Regesten des 13. Jhs. stehen. Dass letztere nicht auf die Originalregister sondern auf Copien, die aus den alten Registern in späterer Epoche angefertigt wurden, hinweisen, hat, wie ich bereits bemerkt habe, schon Delisle gesehen. Wir haben nun diese Epoche gefunden, nämlich die Urbans V., aus ihr besitzen wir Nachrichten, dass in der päpstlichen Kanzlei von den alten Registern Abschriften verfasst wurden. Aus den von Urban V. erlassenen Aufträgen, die päpstlichen Register zu copieren, erklärt es sich, warum sich die Schreibernotizen in den Registern fast aller Päpste des 13. Jhs. bemerkbar machen. Urban V. wollte eben eine nahezu vollständige Collection der päpstlichen Regesten bei sich in Italien besitzen. Früher oder später mag wohl der eine oder andere Band copiert worden sein, wie dies besonders mit den Regesten Clemens' IV. geschah, von denen sich auch in Paris[2]) und anderswo Abschriften befinden, aber eine so umfassende Arbeit wie Urban V. hat sonst kein Papst des 14. oder Anfangs des 15. Jhs. (um eine spätere Zeit handelt es sich hier nicht) unternommen.

---

wieder beim 153. Brief, weil eben auch in der Vorlage die alte Nummerierung nur bis 151 incl. reichte. Die Adressen wurden ebenfalls überall in rubro angebracht. Im Grossen und Ganzen aber sind die Abschriften in Hast und Eile angefertigt, wie der Schriftcharakter verrät.

1) Ausserhalb des Vat. Archivs gieng ich nicht weiter diesen Copien nach, da sie, wie jeder einsieht, ein zu geringes Interesse bieten. Ich begnüge mich Andern den Schlüssel geboten zu haben.

2) Ich verweise nur auf Cod. Paris. 4040, der mir vor Urban V. geschrieben zu sein scheint, und Cod. Paris. 4041, ebenfalls aus dem 14. Jh. Der erstere trägt denselben Titel wie n. 33 im Vat. Archiv: Epistole et dictamina sancte memorie dom. Clementis pape quarti. Und sie beginnen: Regi Aragonum.

Dazu kommt, dass der Charakter der Schrift jener Notizen keinesfalls in eine frühere Zeit als die zweite Hälfte des 14. Jhs weist. Sind doch die Namen der Schreiber und deren Bemerkungen manchmal so schlecht und flüchtig geschrieben, dass man eher an das Ende des 14. oder den Anfang des 15. Jhs. denken könnte. Ich erinnere an die Notiz 'N. de Palma' im 7. Bande Innocenz' III., die Kaltenbrunner bezeichnend genug der Abfassung des alten Registers für gleichzeitig hält. Doch in der Regel erkennt man in den Charakterzügen ohne Schwierigkeit die 2. Hälfte des 14. Jhs.[1]), ich erwähne hier namentlich die Bemerkungen in n. 12 (Honorius III.), n. 24 (Alexander IV.), n. 26 (Urban IV.), n. 22 fol. 112b (Innocenz IV.), völlig mit n. 12 übereinstimmend; n. 46 (Nicolaus IV.), n. 48—50 (Bonifaz VIII.), n. 51 (Benedict XI.).

Ausschlaggebend in dieser Frage ist die Thatsache, dass sich einige jener Schreiber, deren Namen man an der Spitze von

---

1) Einzelne Notizen, und zwar gerade jene, die einen Auftrag enthalten, z. B. 'Incipe hic', 'hic cessa scribere', scheinen von derselben Hand herzurühren, vielleicht von der Johanns Rosseti, der die Schreiber überwachte; andere Male aber wieder nicht, z. B. n. 24 fol. 70: hic incipe. Wenn Berger die Schrift von 'Incipe hic' in n. 22 fol. 62b in die Mitte des 13. Jhs. setzt so befindet er sich gewaltig im Irrthume. Berger selbst hat richtig gesehen, dass jene Notiz im Zusammenhange steht mit der auf fol. 112b: Martinus de stans complevit librum istum, videlicet residuum ... xlij folia, die er Ende des 13. oder Anf. des 14. Jhs. geschrieben sein lässt. Wie kann also das 'Incipe hic' aus der Mitte des 13. Jhs. herrühren? Das Wahre ist, dass die Bemerkung 'Martinus de Stans' u. s. w. zu deutlich der 2. Hälfte des 14. Jhs. angehört, mithin also auch das 'Incipe hic'. Wenn Berger auf fol. 62b einen Wechsel der Hände bemerkt, so täuscht er sich. Die ganze Seite ist von derselben Hand, nicht aber mit derselben Feder geschrieben; nur scheint ursprünglich 1 Zeile leer gelassen worden zu sein, die man nachher alsbald ausfüllte, wobei man, weil zu viele Worte hineinzusetzen waren, enger und in Folge davon kleiner schreiben musste als vor und nachher. War es jedoch hier zu entschuldigen, dass sich Berger hinsichtlich der Schrift bei 'Incipe hic' irrte, so keineswegs, wenn er die Schriftzüge von Jo. Lardati (n. 22 fol. 1), Gaufridus et Alardus baillivi (ibid. fol. 196) und Petrus de Porta (n. 23 fol. 1) dem 13. Jh. zuweist, während sie doch so offenbar der 2. Hälfte des 14. Jhs. angehören. Übrigens kann ich, wie sich oben ergibt, Johann Lardati als scriptor unter Urban V. nachweisen, wodurch Bergers Behauptung an sich hinfällig wird.

Regesten, oder am Ende derselben liest, als Scriptores der Kanzlei Urbans V. nachweisen lassen und bereits unter Innocenz VI. angestellt waren. Auf fol. 112b in n. 22 (an. 8 Innoc. IV.) steht: Martinus de Stans complevit librum istum, videlicet residuum, quod dimiserat Jo. Lardati, in quo residuo sunt xlij folia, et continet quodlibet folium XC lineas, u. s. w. Demgemäss erscheint auch Jo Lardati am Kopfe von fol. 1. Dieser Johann Lardati war jedoch unter Urban V. ein scriptor der päpstlichen Kanzlei, und arbeitete mit andern im J. 1366—1367 an einem Inventar der Privilegien, Regesten u. s. w. der Römischen Kirche¹). War nun aber Johann Lardati ein Scriptor unter Urban V., so auch Martin de Stans, was sich aus der angeführten Notiz ergibt. Sigerus Nolini, der sich zu Beginn von an. 16. Innocenz' III. und n. 29 fol. 113 (Urban IV.) verewigte, war 1366 bereits per quinque annos et ultra serviendo laboriose curiam romanam sequens und scribendo minutas et alia tribus annis extitit prout nunc existit²). Er ist der Schreiber des nunmehr im Vat. Archiv erhaltenen 16. Jahres Innocenz' III.³). Der in u. 12 (Honorius III.) fol. 1 und am Vorsetzblatte genannte Radulphus Jaquetelli 'longo tempore in serviciis camere apo-

---

1) So liest man in Introit. et exit. cam. apost. n. 316 f. 136a zum 29. August 1366, und ausführlicher in dem grossen Documente der Recepta und Expensa vom 1. December 1366—31. Dec. 1367 in den Instrum. miscell. 1366: Item dom. Jacobo de Sirano, licentiato in decretis, canonico Narbon., et dominis Johanni Carrerie, Johanni Lardati et Johanni Rosseti scriptoribus domini nostri pape, facientibus inventarium regestrorum, privilegiorum et litterarum romane ecclesie pro expensis ipsorum, videlicet dicto domino Jacobo pro xlij diebus, die ix. huius mensis inclusive finitis, pro qualibet die xij sol. et aliis cuilibet pro lviij diebus die xxj. presentis mensis exclusive terminatis ad rationem viij sol. pro qualibet die et quolibet ipsorum valent in summam lxxix flor. Summa totalis isto mense soluta pro scripturis et libris predictis est clix flor. Der Monat war December 1367. Johann Lardati wird, mit derselben Arbeit beschäftigt, auch in Introit. et exit. n. 314 fol. 140a (wie oben zum 29. August 1366) und fol. 161b (zum 27. October desselben Jahres) erwähnt. 8 kal. Junii an. 4 (25. Mai 1366) wurde seine Supplik 'de officio grossarie sive scriptorie si vacat' gewährt. Reg. supplic. Urbani V. an. 4. p. 1 fol. 171b.
2) Reg. supplic. Urbani V. an. 4. p. 1 fol. 47a.
3) S. oben S. 43 Anm. 1.

stolice... in officio notarie et scriptorie laboravit', wie es in einer Supplik an Urban V. heisst¹). Dadurch sind jedoch zugleich **Johannes Noleti**²) und **Thierricus Thome** als Schreiber Urbans V. festgestellt, denn diese werden in den betreffenden Notizen (s. oben S. 37 und Kaltenbrunner S. 216) als solche angeführt, welche die Arbeit mit Radulphus Jaquetelli getheilt haben. Als Notar Innocenz' VI. wird der am Schlusse vom 6. Jahre Innocenz' III. (n. 5 fol. 109b) citierte B. **Francisci** erwähnt; er war aber noch im 8. Jahre Urbans V. bei diesem thätig³). Dadurch sind aber auch **Maquardus**, der das 5. Buch abschrieb und die übrigen Schreiber Innocenz' III. nachgewiesen. Überdies schrieb **Jo. de Porta** seinen Namen in dorso päpstl. Originalbriefe von Honorius III. bis incl. Gregor X. (Arch. Vat. Instr. miscell.) sammt Hinweis auf das unter Urban V. angelegte Inventar. **Bartoldus**, welcher sich im Registerband Benedicts XI. zeigt, findet sich wiederholt in den Conceptenbänden 244⁴). Wären uns die Supplikregister Urbans V. aus dem 5. Pontificatsjahre, d. i. gerade aus jener Zeit (1367), in der die Copien der alten Register angefertigt wurden, erhalten, so liessen sich gewiss noch mehrere Namen eruieren. Allein auch so wird unser früher gewonnenes Resultat bestätigt, zudem die Schreibernamen, wie man bisher erkannte, wenigstens in derselben Regestenreihe unter sich im Zusammenhange stehen⁵).

Nun erklärt sich alles, was für Kaltenbrunner ein unlösbares Räthsel war. Die Copisten Urbans V. theilten sich in die Arbeit, und damit keine Irrung entstehe und nicht bereits Abgeschriebenes noch einmal copiert würde, machte man am Rande oder am

---

1) Reg. supplic. Urbani V. an. 1. p. 2 fol. 165a.

2) Dieser kommt zudem im Conceptenbande n. 244g als Jo. de Nolhato vor.

3) So 244 L, wo genau steht B. Francisci zu einem Concepte Monteflascon. non. Aug. an. 8.

4) Z. B. 244 H.

5) Ich muss hier bemerken, dass über obige Namen und die früher beigebrachten Notizen kein Index existiert, und ich deshalb in derselben Position war wie andere. Ich musste eben suchen. Zum Suchen wurde ich aber durch mein Resultat, dass die Schrift keinesfalls aus der Zeit vor Mitte des 14. Jhs. herrühren könne, veranlasst.

Kopfe der Originalregister bemerkbar, was bereits vollendet sei oder was noch abzuschreiben sei. Die Bände wurden, damit man mit der Arbeit schneller fertig würde, in Quaternen zerlegt und vertheilt. Daher erklärt sich die Notiz in n. 46 fol. 100b: Franciscus de erga habet tres quaternos sequentes; fol. 157: desunt tres quaterni sequentes, quos habet socius Wanceslai. Vgl. n. 29 fol. 113b (oben S. 39). Nun begreifen wir die Mahnungen: hic incipe; incipe hic. Hic cessa scribere. Hic cessavit scribere etc. Non scribantur. Istud totum scriptum est exceptis rubricis et scripsit Theodoricus. Floretus copiavit. Hic incipit Mascardus u. s. w. Nun verstehen wir, weshalb trotz solcher Bemerkungen gerade dort, wo sie sich finden, kein Wechsel der Hände bemerkbar ist. Es wird auch nun Niemand mehr einfallen, die zwei Bemerkungen auf fol. 125 und 126b von n. 32 (Clemens IV.) in Einklang zu bringen und sich mit Kaltenbrunner abzumühen eine Erklärung zu geben. Diese liegt eben darin, dass die Notiz auf fol. 126b: Istud regestum fuit inceptum etc. alt und wahrscheinlich einem Regestenband Urbans IV. (s. darüber unten im 4. Abschnitte), was auch Kaltenbrunner sah, gleichzeitig ist, während die Bemerkung auf fol. 125: Frater Guilermus[1]) u. s. w. aus der Zeit Urbans V. herrührt.

Manchmal stehen die Bemerkungen auf leeren Blättern, die dann später zum Einbande der alten Register benützt wurden, ursprünglich aber zum Umschlage von Copien gedient haben. So bin ich der festen Ueberzeugung, dass z. B. das Blatt am Deckel von n. 12 (Honorius III.) zu dem noch ein anderes gehört, auf dem die oben S. 37 citierte Notiz: Liber septimus dni Honorii tertii etc. steht, als Umschlag zur Copie des 7. Jahrganges Honorius' III. gebraucht wurde.

Diese Schreibernotizen verlieren jetzt nahezu jegliche Bedeutung, weil sie zur Abfassung der alten Register auch nicht in der entferntesten Beziehung stehen.

Aehnlich verhält es sich mit Pertz' und Kaltenbrunners Entdeckung der aus den alten Registern gezogenen Bemerkungen über die Entlohnung der Schreiber. Die Blattvermerke, auf

---

1) Kaltenbrunner schreibt irrig: Eichlus.

die beide Gelehrte aufmerksam machen, sind nicht in der geringsten Verbindung mit der Abfassung der Originalregister, sondern beziehen sich auf die unter Urban V. nach den alten Registern angefertigten Copien[1]). Der Schreiberlohn wurde damals zumeist nach der Vorlage und nicht nach der Copie berechnet. Hätten Pertz und Kaltenbrunner schon durch den Schriftcharakter dieser Zahlen etwas gewitzigt werden sollen, so noch mehr durch die Art und Weise gewisse Zahlen auszudrücken. Dieselbe stammt eben nicht aus Italien, sondern aus Frankreich. Die alten Register Honorius III. wurden doch in Italien angefertigt, trotzdem findet sich in n. 9, fol. 287b: continet folia CCIIII^{xx} (280). Auch Gregors IX. Regesten wurden in Italien geschrieben. In n. 20, fol. 91 liest man also: IIII IIII^{xx} (84). So schrieb man nicht in Italien die Zahl 80, es ist dies vielmehr das französische quatre-vingt[2]). In dieser Weise wurden auch sehr viele Supplikregister im Vat. Archiv, die aus der avignonesischen Periode stammen, foliiert. Somit führen uns auch die Blattvermerke nach Avignon, sie bestätigen unsere vorausgehende Untersuchung und erhalten durch diese ihre Erklärung.

Zum Schluss noch ein paar Worte über die Foliierung. Bei Anfertigung des Inventars vom J. 1339 war noch kein Band der Regestenreihe ausser Honorius' III. an. 10. 11. foliiert. Die Inventarisierenden rechneten nicht nach Folien, sondern nach Quaternen. Dies zeigt sich besonders deutlich bei Angabe und Beschreibung jener Bände, welche defect waren. Da heisst es wiederholt: Item aliud volumen ... in quo defficit seu defficiunt aliquis seu aliqui quaterni. Wären die Bände foliiert gewesen, so hätte man genau angeben können, wie viele Folia mangeln. Und da sich die Inventarisierenden der Genauigkeit beflissen, wie man aus dem Ganzen ersieht, so würden sie nicht ermangelt haben darauf aufmerksam zu machen. Hierher gehört auch die Be-

---

1) Davon zu unterscheiden sind die Kanzleitaxen, und diese liest man zuerst, wie Ottenthal richtig gesehen hat, im Registerbd. n. 53 Clemens V. (Mitthlgen. des Inst. f. österr. Geschichtsf. V, 133).

2) Diese Ausdrucksweise steht keineswegs zu den Zahlzeichen der Kostenvermerke in Originalurkunden und Regesten in Beziehung, wie man aus den Mitth. d. Inst. f. österr. Geschichtsf. IV, 509 Anm. schliessen müsste.

schreibung von n. 42: continens quaternos plures. Wenn jedesmal angegeben wird, wie der Band in secundo folio beginnt, so spricht dies, wie jeder einsieht, nicht für eine Foliierung. Dasselbe ist auch im alten Cataloge der Bibliothek der Sorbonne der Fall; und doch erhielten die meisten Hss. erst in neuester Zeit die Foliierung. Für die Regestenbände bis Johann XXII. gibt es keine ältere Foliierung, als die unter Urban V. durchgeführt und durch praktische Zwecke hervorgerufen worden ist[1]). Von vielen der Bände bis Bonifaz VIII. stammt sie sogar aus späterer Zeit. Jeder, der meine Arbeit prüfen will, möge doch auf die Schreibweise der Blattzahlen achten und sie mit den Briefnummern der Regesten, soweit erstere den Registern selbst mehr oder weniger gleichzeitig sind[2]), vergleichen.

Das Foliieren war in der päpstlichen Kanzlei wenigstens hinsichtlich der Regesten nicht im Brauche. Noch zur Zeit Johanns XXII. war es nicht Mode und kein einziger Band seiner litterae communes enthält eine Foliierung des 14. Jhs. (Die arabischen Zahlen rühren sämmtlich aus späterer Zeit her; n. 93—97 sind heute noch nicht foliiert.) Aehnlich verhält es sich mit den litterae communes Benedicts XII., Clemens' VI., Innocenz' VI., Urbans V. Die erste gleichzeitige Foliierung tritt in den Secretenregistern Benedicts XII. auf (in den Secretenregistern Johanns XXII. wurde sie erst später nachgetragen). Sie ist hier, wie in den späteren Secretenregistern mit den Indices im Zusammenhange.

Ich kann Kaltenbrunner nicht beistimmen, wenn er S. 214 meint, spätere Forscher seien durch seine Studien der Mühe enthoben, all die langwierigen Vorarbeiten nochmals zu machen, die er gemacht. Ich wenigstens habe gefunden, dass in Folge seiner Römischen Studien erst recht 'langwierige Vorarbeiten'

---

1) Wegen Honorius III. s. S. 36. 49. Die dem Regestenbande n. 32 'gleichzeitige Foliierung', welche Kaltenbrunner entdeckt, wird jeder Forscher mit einiger paläographischer Kenntniss umsonst im Bande suchen.

2) Auch die Briefnummern sind bei Regestenbänden des 13. Jhs. häufig erst aus späterer Zeit. Dies gilt zunächst von mehreren jener Bände, die keine alten Indices besitzen, z. B. Innocenz' III. und grossentheils Honorius' III. Ebenso sind die Briefnummern in den Regesten Innocenz' IV. keineswegs durchaus 'gleichzeitig' zu nennen.

nothwendig geworden sind. Weitere Aufschlüsse wird uns der folgende Abschnitt bringen. Vielleicht hat die Untersuchung auch den Nutzen im Gefolge, zu grösserer Vorsicht anzuregen. Auf diesem Gebiete kann nicht von Kleinigkeiten die Rede sein, alles besitzt seine Wichtigkeit[1]). Nur dadurch, dass namentlich Sickel auf dem Gebiet der Kaiser-Diplomatik nichts für geringfügig hielt, im Gegentheile auch die unscheinbarsten Dinge diplomatisch genau behandelt hat, steht eben die Kaiser-Diplomatik auf ihrer bekannten Höhe. Auf keinem andern Wege kann die päpstliche Diplomatik dieselbe erreichen.

4. Excurs über einzelne Registerbände besonders jene Innocenz' III.

Kaltenbrunner hat sich in seinen 'Römische Studien' ex professo mit einzelnen Registerbänden des 13. Jhs. beschäftigt,

---

1) Ich kann mir nicht versagen bei dieser Gelegenheit einen verwandten Punkt in Rodenbergs Abhandlung: Über die Register Honorius' III., Gregors IX. und Innocenz IV. im neuen Archiv X, 521 kurz zu berühren. Rodenberg spricht von den Abkürzungen in den Registern, und verlässt sich dabei auf Bergers Registres d'Innocent IV. und seine eigenen Combinationen, während es jetzt so leicht ist die Texte im Vat. Archiv verificieren zu lassen. Berger schreibt n. 2749: preposito et capitulo ecclesie canoce. In der Anm. macht er zu 'canoce' ein ?. Rodenberg zweifelt nicht, dass Berger richtig gelesen habe, und combiniert, das unverständliche 'canoce' sei aus 'can. sci', d. i. 'canonicorum sancti' entstanden. Was steht nun aber in den Regesten? Einfach cano̅. Berger übersah, dass die Silbe darüber gesetzt eine ausgefallene Silbe oder überhaupt eine Abkürzung bedeute, und in unserm Falle 'canonice' zu schreiben sei. Ebd. macht Rodenberg auf n. 2919 bei Berger aufmerksam, wo die ganz ungewöhnliche Phrase 'Romanis regibus' vorkommt. Er combiniert, es könnte die Form 'Ro' dem 'Romanis' zu Grunde liegen. Aber wo wurde in den Registern des 13. Jhs. 'Romanorum Rex, Imperator' mit 'Ro. Rex, Imperator' abgekürzt? Es handelt sich nicht darum, was in Pertzschen Abschriften, sondern was in den Registern steht. Wie heisst es nun im Register selbst? 'Roman̄ regibus', dieselbe Abkürzung, die auch dort vorkommt, wo Berger richtig 'Romanorum' schreibt. Der Strich über 'Roman' kann jede Endung, Plural und Singular bedeuten. In unserm Falle darf nur an 'Romanorum' gedacht werden, da man damals nicht Romanus rex, imperator, sondern Romanorum rex, imperator sagte. Dies gilt auch, wenn, wie häufig, nur Rom̄ steht.

so z. B. mit solchen Innocenz' III. (n. 6), Nicolaus' III. (n. 42). Urbans IV. (n. 27), Clemens' IV. (n. 31), Martins IV. (n. 40). S. S. 262—272. Es ist hier nicht der Ort unserm Diplomatiker in seinen Aufstellungen Schritt für Schritt zu folgen. Ich spare dies auf eine passendere Gelegenheit. Indess kann ich doch nicht umhin hier einige Punkte zu berühren zu dem Zwecke die Gelehrten, welche nicht in der Lage sind Kaltenbrunners Ansichten auf Grund der Originalquellen zu prüfen, auf das Missliche einer solchen Forschung aufmerksam zu machen[1]).

Kaltenbrunner schafft sich nicht selten die Schwierigkeiten selbst. In diesem Falle ist an denselben nur seine Unerfahrenheit in paläographischen Dingen Schuld. Der Band n. 42 (Cameralregister Martins IV.) trägt die Überschrift: 'Rubricae litterarum communium D. Martini pape quarti'. Unser Diplomatiker lässt sich nun darüber also aus: 'Wir stehen hier vor einer ähnlichen **unlösbaren**[2]) Frage wie bei der Bezeichnung der Briefe im vol. 2 Nicolaus' III. als 'litterae secretae'. Niemals sonst begegnen wir in unsern Registern dem Ausdrucke Litterae communes. Sollen wir also diese Cameralbriefe zum Unterschied von den andern damals als solche bezeichnen lassen, oder sollen wir **in der gewiss alten vielleicht gleichzeitigen Notiz**[3]) die einzige Überlieferung dafür sehen, dass man damals die nicht 'Litterae curiales' benannten Briefe 'Communes' genannt habe, oder sollen wir die Notiz erst zu einer Zeit angebracht annehmen, in der man zu Avignon die Scheidung der Briefgruppen vorgenommen hatte und regelmässig zum Ausdruck brachte' (S. 272)? Wenn irgend ein Beispiel so überzeugt uns dieses, dass Kaltenbrunner auf dem paläographischen Gebiet ein Fremdling und nicht zu Hause ist. Ist es denn von einem Diplomatiker zu viel verlangt, dass er die Schrift des 15. Jhs. von der des 13. zu unterscheiden vermag? Nun tragen aber die Schriftzüge 'der gewiss alten vielleicht gleichzeitigen Notiz' den ausgeprägten Charakter des 15. Jhs. Bedarf also die 'unlösbare'

---

1) Es ist verzeihlich, dass Berger in der Bibl. de l'école des chartes p. 364 sq. nichts auszustellen weiss, und Rodenberg im Neuen Archiv sich auf Kaltenbrunner stützt.

2) Von mir unterstrichen.   3) Von mir unterstrichen.

Frage noch einer Lösung? Wird es jemand interessieren, welches Urtheil man einige Jahrhunderte später über den vorliegenden Band abgegeben hat?

S. 268 beschreibt Kaltenbrunner den Band n. 27; er nennt ihn das **Cameralregister Urbans IV.** Der Codex bestehe aus Einzelblättern, die hie und da aus einem ganz bestimmten Grunde in Gruppen von zwei oder mehreren auftreten. 'Dieselben sind mit alter Foliierung versehen, von der wir sogar annehmen können, dass sie gleichzeitig sei ... Man erkennt nun bei Durchsicht dieser losen Blätter, deren Format sich sogar mit fol. 57 ändert, den Plan, nach welchem ihre Beschreibung vor sich gegangen ist'. Vom Anfange bis zum Ende irrig! Fürs erste ist es sehr gefehlt den ganzen Codex als Cameralregister zu bezeichnen. Er besteht aus drei Theilen: fol. 1—56; fol. 57—130; fol. 131—149. Der zweite Theil ist ein Volumen für sich und gehört nicht zu dem ihm vorausgehenden Cameralregister. Es war von diesem anfänglich ohne Zweifel gesondert. Der Hauptinhalt bezieht sich auf Beneficialsachen zumeist in französischen (besonders der Provinzen Rouen, Sens, Reims) und englischen Diöcesen, darunter auch Bischofsernennung in Toulouse (fol. 73a), Gestattung der Pontifical-Insignien (72), und nur weniges Cameralistisches. Fol. 85—92 beschäftigt sich mit den Kreuzzugpredigten in den Ländern deutscher Zunge; die meisten Briefe sind an Albert den Grossen, 'episcopus quondam Ratisponen.' gerichtet, von denen nur der eine oder andere ediert ist. — Der dritte Theil, welcher das Format und der Hauptsache nach die Schrift des ersten besitzt, ist wieder cameralistischen Inhalts. Man könnte vermuten, dass der 2. Theil jener liber parvus antiquus ist, von dem im Inventar unter Urban IV. an letzter Stelle gesprochen wird. Allein es heisst dort: qui incipit: Urbanus episcopus servus servorum dei etc. Diese Worte sucht man in unserem Bande vergebens. Man müsste eben nur annehmen, dass der Anfang verloren gegangen ist, was jedoch nicht viel Glaubwürdigkeit für sich hat, da der erste Quintern am untern Rande die alte Numerierung 1 trägt. Es bliebe also nur noch die Möglichkeit offen, dass der vorhergehende Quatern nicht signiert war, wie dies bei den letzten der Fall ist.

Kaltenbrunner hat sich hier wieder hinsichtlich der Foliierung getäuscht, denn sie kann nicht vor Urban V. angebracht worden sein. Sonderbar ist aber Kaltenbrunners Aufstellung von den losen Blättern[1]), die er sogar für den zweiten Theil annimmt. Was diesen letzteren anbelangt, so besteht er aus neun ganz regelrechten Stücken. Die zwei ersten sind Quinternen, die drei nächstfolgenden Quaternen, ebenso die drei letzten, nur das 6. Stück ist ein halber Sextern. Das Interessante dabei ist, dass manchmal am untern Rande der letzten Seite einer Lage alte Custoden angebracht sind, so fol. 100b; mit 101a beginnt ein neues Stück, aber nicht auch mit einem neuen Briefe, wie man nach Kaltenbrunner schliessen müsste, sondern mit dem Schlusse eines Briefes, dessen Anfang am vorigen Quatern steht. Auf fol. 106b steht unten der Custode für den Anfang des am nächsten Quatern sich befindlichen Briefes. Selbst für den ersten Theil ist Kaltenbrunners Behauptung irrig. Von 'losen Blättern' keine Rede. Den Anfang bilden zwei regelrechte Quaternen (fol. 1—16), dann folgt ein Sextern (fol. 17—28), hernach ein Quatern (fol. 29 bis 36), einen solchen bildet auch der Schluss (fol. 49—56), unmittelbar voraus steht ein halber Quatern (fol. 41—48). Bloss die fol. 37—40 bilden eine Ausnahme. Wie kann nun aber Kaltenbrunner zwischen diesem Bande und den (ein Jh. später angefertigten) Conceptbänden n. 244 A—N einen Vergleich anstellen und beide mit einander in Verbindung bringen? Ob man überhaupt im Rechte war n. 27 als Kladdenband zu bezeichnen, wird uns später einmal beschäftigen.

Hinsichtlich des Bandes 6 Innocenz' III. macht Kaltenbrunner S. 263 aufmerksam, dass uns in demselben 'mehrmals das Wort: Legatur, hie und da auch mit genauer Begrenzung der Sätze, für welche es gilt', begegnet. Sonderbar, im ganzen Codex steht nur zweimal dieses 'Legatur', nämlich fol. 1b und fol. 7a. Nun meint aber Kaltenbrunner weiter: 'Man könnte da beinahe auf den Gedanken kommen, dass es sich hier um Sätze handelt, die dem Papste zur Genehmigung vorgelesen werden sollten...

---

1) Kaltenbrunner legt auch ein Gewicht darauf, dass der Codex leere foliierte Blätter aufweise. Allein er wurde nur dadurch verführt, dass er die Foliierung als gleichzeitig annahm.

Diese Vermuthung wird nun dadurch bestärkt' u. s. w. Schliesslich schreibt er doch, 'so werden wir jenes Legatur eher als spätere Notizen ... deuten müssen'. Man sieht, auf welch unsicherem Boden man steht, wenn der palaeographische Blick mangelt. Dass diese Notizen aus späterer Epoche sind, hätte Kaltenbrunner ohne weiteres erkennen sollen, denn alle, sowie die übrigen Randbemerkungen mit den vielen 'No.' (mit Ausnahme der Vormerke für Rubricierung) verraten zu klar die Cursive der 2. Hälfte des 13, Jhs.

Nur im Vorbeigehen habe ich diese Punkte berührt. Eigentlich interessiert uns hier die Frage, ob denn unsere ältesten Regestenbände, nämlich jene Innocenz' III., die Originalregister, oder nur, wenngleich alte, Copien sind?

Die Beantwortung dieser Frage bereitet jene andere vor, auf welche ich ein anderes Mal näher eingehen werde, ob und in wieweit überhaupt unsere Register als Original-, oder besser gesagt, ursprüngliche Register anzusehen sind. Niemand hätte mehr die zuerst gestellte Frage aufwerfen und eingehend erörtern sollen als Kaltenbrunner, da er den meisten Registerbänden des 13. Jhs. die Ursprünglichkeit abstreitet und nur zugesteht, dass sie aus wirklich geführten Originalregistern oder aus Kladden angelegt sind [1]). Die Untersuchung hätte ihm ein Hauptargument für seine Behauptung, die von ihm auch mit subjectiven Gründen erhärtet wird, geboten. Zugleich hätte sie ihm Anlass gegeben, seine Aufstellungen hinsichtlich der 'Kladden' zu modificieren. Allein Kaltenbrunner kam die Frage nicht in den Sinn, obwohl er auf sie geführt worden wäre, hätte er nicht die französischen Forscher so vornehm ignoriert.

Bereits Baluze bemerkte zum zweiten Jahrgange [2]), er sei mutilus, und zwar auf Grund einer Stelle bei Roger de Hoveden. Baluze hatte hierin Unrecht; stillschweigend corrigierte ihn Delisle [3]). Dagegen machte dieser grosse Meister mit wenigen Worten auf andere Anzeichen aufmerksam, aus denen man

---
1) S. Römische Studien S. 223f., 228f., 240f.
2) Epistolarum Innocentii III. libri undecim (Parisiis 1682) I, 533.
3) Mémoire sur les actes d'Innocent. III. in der Bibl. de l'école des chartes I, 19 p. 11 Anm. 2.

schliessen müsse, dass unser zweiter Jahrgang nicht das Originalregister sein könne¹). Delisle war damals noch nicht in der Lage die Vaticanischen Register zu benützen. Spätere, welche die Gelegenheit hatten, achteten nicht darauf, so z. B. Kaltenbrunner und Munch. Letzterer citiert zwar aus Delisle einige hierher gehörige Notizen²), gab sich aber keine Mühe in unsern Registern nachzuforschen. Er scheint auch nicht erkannt zu haben, dass, obgleich die Register keineswegs viel jünger als die Originalbriefe sein können³), die Möglichkeit noch offen bleibt, ob nicht die Vat. Register etwas jüngern Ursprungs seien.

Zunächst steht fest, dass nicht alle päpstlichen Briefe registriert wurden, und zwar schon zur Zeit Innocenz' III. Allerdings könnte man aus einer Stelle im ersten Jahre dieses Papstes schliessen, als habe jeder Brief im Register seinen Platz gefunden. Er sagt: 'Cum pro litteris, de quibus dubium est, an a sede apostolica emanarint, ad regestum de consuetudine recurratur, cum etiam vix posset aliquis amplius Rom. ecclesiam offendere, quam si ei regesta et alios libros subriperet, in quibus tam ipsius quam aliarum ecclesiarum privilegia continentur'⁴). Indess, dass hier doch nicht von jedem einzelnen Brief die Rede sein könne, belehrt uns Giraldus Cambrensis, der wie nur einer die Regesten Innocenz' III. und seiner unmittelbaren Vorgänger kannte⁵), indem er selbst das Register Eugens III. be-

---

1) Ibid. p. 6. 2) Aufschlüsse S. 26. 3) S. ibid. S. 29.
4) An. 1. ep. 524 fol. 137b. Ed. Baluze I ep. 540.
5) Für die päpstl. Regesten wurde die neue Ausgabe der Giraldi Cambrensis opp. ed. Brewer III. (London 1863) leider noch nicht benutzt. In seiner Schrift De invectionibus p. tertia (l. c. p. 61—74) werden 23 Briefe Innocenz' III. theils vollständig theils im Auszuge mitgetheilt, von denen nur ein paar bei Potthast stehen, weil er statt diese Ausgabe nur Wharton, Anglia sacra, und die bisherigen Editionen der Regesten herangezogen hat. Die von Girald De jure et statu Menev. eccles. dist. 2 (ibid. p. 182—184) citierten Briefe Innocenz' III. finden sich in der eben angegebenen Sammlung De invectionibus; dort sind auch die der dist 5 p. 281—286 bis auf den zweiten, der aber bereits bekannt war. — Unter andern interessanten Stellen bei Girald will ich hier jene citieren, welche sich auf ein wohl vor Innocenz III. angefertigtes Provincialregister bezieht. Girald war beim Papste wegen der Rechte seiner Kirche St. Davids (Menevia). Zu den Streitpunkten gehörte, ob sie Metropole oder Suffragankirche jener des Erzbischofs von Canterbury

nützte¹), und in das Register Innocenz' III. mehrere Briefe schreiben liess²). Er sagt hinsichtlich der päpstl. Register: 'Registrum autem suum facit papa quilibet, hoc est librum, ubi transcripta privilegiorum omnium et literarum sui temporis **super magis arduis causis** continentur'³). Girald war mit jenen, welche die Register damals aufbewahrten, nämlich mit dem Camerarius und dem clericus camerarii, persönlich bekannt, und wohl aus ihrem Munde hatte er diese Notiz bezüglich der Anlage der

---

sei. Es heisst nun (De jure et statu Meneven. eccles. dist. 2 p. 165): Praecipit papa registrum afferri, ubi de universo fidelium orbe singulorum regnorum tam metropoles per ordinem quam earum quoque suffraganeae numerantur ecclesiae pontificales. Et cum verteretur ad regnum Anglorum, scriptum in hunc modum ibidem et lectum fuit: 'Cantuariensis metropolis suffraganeas habet ecclesias istas, Roffensem, Londoniensem' et caeteras per ordinem. Enumeratis autem singulis suffraganeis ecclesiasticis Angliae interposita rubrica tali, De Wallia, prosequitur in hunc modum: 'In Wallia Menevensis ecclesia, Landavensis, Bangoriensis et de Sancto Asaph'. Quo audito subjecit papa quasi insultando et subridendo: 'Ecce Menevensis ecclesia connumeratur'. Respondit Giraldus: 'Sed non eo modo connumeratur illa vel aliae de Wallia, per accusativum scilicet, sicut suffraganeae de Anglia. Quod si fieret, tunc revera reputari possent subjectae'. Cui papa: 'Bene', inquit, 'hoc nostati. Sed est et aliud, quod similiter pro vobis et ecclesia vestra facit, de rubrica scilicet interposita, quae quidem in registro nusquam apponitur, nisi ubi transitus fit vel de regno ad regnum, vel de metropoli ad metropolim'. 'Verum est', inquit Giraldus, 'et Wallia quidem portio est regni Anglicani, et non per se regnum'. Ad quod papa: 'Unum sciatis, quod non est contra vos registrum nostrum'. Diese werthvolle Stelle dürfen Herausgeber der Hss. des 'Proviciale' nicht übersehen. Man kann den Unterschied zwischen einst und später entdecken. Im Vat. Archive sind mehrere spätere Hss. Ich citiere hier namentlich Arm. 23 n. 5, 6 und 7. Die Rubrica 'De Wallia' findet sich hier nicht mehr eingeschoben, die genannten Episcopate werden wie Londonien. Roffen. u. s. w. unter dem Erzbischofe von Canterbury stehend aufgezählt. Vgl. auch das Provinciale in Döllingers Beiträge zur polit., kirchl. und Cultur-Geschichte II, 292.

1) Dies erzählt er De jure et statu Menev. eccles. dist. 2 p. 180. Diese Stelle war aus Wharton bekannt. Girald spricht darüber aber auch im 2. Buch de Invectionibus p. 50 und im 4. Buche p. 90. Vgl. auch Roger de Hoveden Chron. ed. Stubbs IV, 106.

2) So l. c. De invectionibus und De jure et statu eccles. Meneven. dist. 5 p. 288. Darüber berichtet ungenau Roger de Hoveden Chron. ed. Stubbs IV, 106. Ich komme auf diese wichtigen Stellen ein anderes Mal zurück.

3) De invectionibus lib. 4 p. 90.

Regesten vernommen[1]). Giralds Angabe stimmt auch zu der aus den Regesten geschöpften Erfahrung, der zufolge zwar auch viele unwichtige Briefe registriert wurden, im Durchschnitte aber sich die Registrierung auf wichtigere Schreiben beschränkt. Thatsache ist, dass viele Originalacten existieren, die sich in den Registerbänden nicht finden. Wären alle Briefe registriert worden, so hätte Girald nicht eigens zu bitten brauchen, dass die zu seinen Gunsten und den seiner Kirche erhaltenen Privilegienbriefe in das Register Innocenz' III. aufgenommen würden[2]).

Wenn man also päpstl. Briefe entdeckt, die sich nicht in den Registerbänden der betreffenden Päpste vorfinden, so darf man keineswegs von vorneherein schliessen, dass die Briefe unächt seien oder dass das Register nicht das Originalregister repräsentiere.

Auch aus den von Delisle p. 6 Anm. 2 angeführten Stellen lässt sich nicht wohl argumentieren. Im Reg. XII, 66 Innocenz' III. wird auf den vorletzten Quatern des 11. Jahres Innocenz' III. (Reg. an. 11 fol. 78b), Reg. XIII, 86 auf den letzten des 12. (Reg. an. 12 fol. 126a), Reg. XIII, 94 auf den vorletzten Quatern desselben Jahres (Reg. an. 12 fol. 116) hingewiesen. Solche Citate können auch mit Copien convenieren. Einige Beispiele sollen dies lehren. Im 8. Jahre Bonifaz' VIII. (n. 50) beginnt der letzte Quintern mit dem Schlusse des 38. Briefes (de Curia), dann folgen die übrigen Briefe. Die 60 Jahre später angefertigte Copie (Arm. 31 n. 28) bringt am Anfange des letzten Quintern die Schlusszeilen des 37. Briefes, den dann die andern ablösen und den Quintern anfüllen. Nur im Falle, dass der 37. oder 38. Brief irgendwo im päpstl. Register citiert worden wäre, stimmte das Citat nicht zur Copie; hinsichtlich der übrigen

---

1) Ich stelle mir den Sachverhalt so vor, dass, als Girald sich das Register Eugens III. auserbat, und er es 'coram clerico camerarii consedente et totum observante' durchzublättern anfieng, um den ihn interessierenden Brief aufzusuchen, er auf die Anlage der Register aufmerksam gemacht wurde und man ihm vielleicht bedeutete, es sei sehr leicht möglich, dass sich der gesuchte Brief nicht im Register fände. Allerdings entdeckte ihn Girald sehr bald und publicierte ihn De invectionibus l. 2 p. 51 sowie De jure et statu eccl. Menev. dist. 2 p. 180.

2) Dies wird in den S. 57 Anm. 1 citierten Stellen berichtet.

Briefe herrscht aber sowohl im letzten als im vorletzten Quintern völlige Übereinstimmung zwischen dem Originale und der Copie, achtet man nur auf die Lagen und nicht auf die Blätter derselben. Ebenso liesse sich aus dem von Delisle p. 33 citierten Hinweise auf das 14. Jahr Innocenz' III., den man auf einem Originalbriefe Urbans IV. liest, auch dann nichts schliessen, wenn wir noch das alte Register des 14. Jahres besässen. Es heisst dort: Scriptum est primo folio primi quaterni anni XIIII. Diese Notiz stimmt eben auch zu unserer 150 Jahre später angelegten Copie (n. 8), denn am 1. Blatte (fol. 45b) des 14. Jahrganges steht der betreffende Brief. Ich glaube, dass ähnliche Übereinstimmung existiert hätte, wäre auch ein anderes Folium des ersten Quaterns citiert worden. Ich schliesse dies z. B. aus dem Regestum Johanns XXI. (n. 38). Wie im Originale beginnt auch in der beigehefteten Copie das Register mit einem Quintern. Vergleicht man nun den Schluss desselben im Originale mit dem in der Copie, so sieht man, dass letztere nur um $1^1/_2$ Zeile weniger besitzt als ersteres.

Herrscht nun eine solche Gleichmässigkeit zwischen der Vorlage und der Copie, wo letztere zu einer Zeit angefertigt wurde, als sich der Schriftcharakter bereits wesentlich im Verhältniss zur Epoche, in der die Vorlage entstand, verändert hatte, so wird die Gleichmässigkeit zwischen Original und Copie noch weit grösser gewesen sein, als die Anfertigung beider nur durch einen geringen Zeitraum getrennt war.

Besässen wir Hinweise auf Quaternen in der Mitte des Registers, so hätten sie allerdings mehr Bedeutung, denn im Laufe des Registers mussten doch Divergenzen zwischen Original und Copie auftreten, wie sich dies aus den uns erhaltenen thatsächlich ergibt, obgleich die höchstens einige Jahre später angefertigten Copien auch hierin mehr gleichmässigen Schritt mit dem Originale halten konnten.

Weit mehr hilft uns die von Delisle p. 34 publicierte Bemerkung bei einem Briefe vom 26. März 1203: Scripta est confirmatio ista in Regesto et in primo quaterno sexti libri circa finem. Es handelt sich um ein Schreiben an den Bischof von Paris und den Abt von St. Geneviève sowie an die beiden Capitel. Nun steht dieser Brief nichts weniger als 'circa finem' des ersten Quatern, sondern er nimmt zwei Drittel der obern Hälfte der ersten Seite des drittletzten Blattes im Quatern ein (Reg. an. 6 n. 5 fol. 54a). Er befindet sich also 'circa medium', nicht 'circa finem'. Da nun Munch auf derartige Notizen nur insoweit achten will, 'um die Richtigkeit des Hinweises zu constaticren"), so könnte es leicht geschehen, dass jemand hier eher annehmen wollte, dass sich der Schreiber beim Hinweise geirrt hat, als dass der betreffende Registerband nicht das Originalregister sei.

Diese Ausflucht wird aber abgeschnitten durch zwei Briefe, welche im zweiten Jahre Innocenz' III. stehen sollten, sich aber dort nicht finden, Schon Delisle hat p. 6 Anm. 4 und 5 auf sie aufmerksam gemacht. Im Reg. an. 6 ep. 62 (fol. 58b) beginnt Innocenz sein Schreiben an den episcopus und das capitulum Wigornien. hinsichtlich der canonisatio S. Vulstani: *Cum secundum evangelicam veritatem* etc. ut in secundo libro regestorum usque: inter quos pie memorie Wlstanus. Bereits Baluze bemerkte: Verum epistola, ad quam hic remandamur, in libro II. frustra requiritur. Ebenso Delisle. Beide hatten jedoch nicht das Vat. Register benutzt. Baluze sagt: Sic in apographo Conti. Trotzdem sind aber beide im Rechte. Der betreffende Brief fehlt in der That im 2. Jahre Innocenz' III. Soll nun etwa irgend ein Blatt herausgerissen sein, auf dem gerade der genannte Brief stand? Nicht möglich. Der 2. Jahrgang enthält 9 regelrechte Quaternen und dazu ein etwas mehr als zur Hälfte beschriebenes Blatt am Schlusse. Es findet sich nirgends eine Spur, dass dieses Register defect wäre. Auch der unter Urban V. angefertigte Index am Anfange des Bandes (n. 4), sowie der oben S. 34 erwähnte enthalten nur die im Register angeführten Stücke [2]).

---

1) Aufschlüsse S. 26 Anm. 3.
2) Ich will hier gar nicht auf die Custoden aufmerksam machen, welche am untern Rande am Schlusse eines jeden Quatern stehen, da die des 2. Jahrganges keineswegs dem 13. Jh. angehören. Kaltenbrunner scheint S. 255 allerdings alle Custoden als ursprünglich anzusehen und zugleich anzunehmen, dass sie dort, wo man keine sieht, der Scheere des Buchbinders zum Opfer gefallen seien. Hie und da ist dies allerdings wahr. Andere Male

Aber auch noch einen andern Brief sucht man umsonst im 2. Jahre Innocenz' III., nämlich jenen, auf den der Papst in einem Schreiben vom 31. Oct. 1214 verweist: Tua nobis devotio supplicavit, ut quarundam litterarum transcriptum, quae in nostro continentur regesto, tibi sub bulla nostra transmittere dignaremur ... De verbo ad verbum fecimus ex regesto nostro anni secundi transcribi ... cujus utique tenor est talis: *Inter caetera in quibus*[1]) etc. Dass der Brief nicht zufällig fehlen könne, ergibt sich aus derselben Beobachtung, wie für den soeben angeführten. Unser Register ist unbeschädigt und stimmt nicht bloss im Anfange, sondern auch am Schlusse, wo am ehesten eine Verstümmelung hätte eintreten können, vollends zur Beschreibung des Inventars vom J. 1339, das zudem ebenfalls nicht notiert, dass am Ende irgend ein Quatern fehle. Es wäre doch auch ein sonderbares Zusammentreffen, dass gerade diese beiden Briefe, die unter sich keinen Zusammenhang aufweisen, auf dem einen Quatern, der in Verlust sollte geraten sein, gestanden hätten.

Hat sich aber vielleicht der Registrator hinsichtlich des Jahres getäuscht? Dass dies einmal könnte geschehen sein, will ich nicht läugnen. Aber wer wird annehmen, dass an beiden Orten, an denen der zweite Jahrgang des Registers citiert wird, ein Irrthum obwalte? Übrigens kommt wenigstens der zuerst genannte Brief in keinem andern Jahrgange vor. Man kann dies auch für das 3. und 4. Jahr verfolgen, weil von diesen noch, wie oben erwähnt, Rubricellen existieren. Wie konnte also Innocenz oder der Registrator auf den Gedanken kommen, der Brief finde sich im Registrum, das man doch für diesen Fall nachschlagen musste, wenn er nicht wirklich darin stand? Liegt hier nicht die Annahme nahe, dass unser jetziger Band nur eine unvollständige Copie des Originalregisters ist?

Dadurch erhält die Beobachtung, die wir hinsichtlich eines Briefes im 6. Bande gemacht haben, weit mehr Gewicht. Das Misstrauen in die Richtigkeit des Hinweises auf den ersten Qua-

---

wieder nicht, z. B. beim Bande 7A (an. 10—12), dessen Pergament völlig unbeschnitten ist und der Custoden gänzlich entbehrt.

1) Bei Delisle l. c. p. 6 Anm. 5.

tern 'circa finem' wird nun bedeutend vermindert. Dürfen wir denn nicht auch hier schliessen, dass der Brief wohl im Originalregister 'circa finem' des ersten Quaterns stand, und die Thatsache, dass er sich in unserm sechsten Band nicht an jener Stelle findet, nur daraus zu erklären ist, dass derselbe bloss Copie ist?

Aber auch noch andere Momente zeugen hiefür, und zwar nicht nur betreffs des 2. und 6. Jahrganges, sondern auch der übrigen. Im Br. 543 (fol. 142a) des ersten Jahres ist zwischen 'profectum' und 'dante' ein Spatium für ungefähr drei bis vier Worte, und zwar ohne dass eine Rasur bemerkbar wäre. Baluze entgieng dies nicht (I, 560) und er ergänzte 'vestrum'; allein es muss ausserdem noch sonst ausgefüllt werden. Etwas Ähnliches bemerken wir in ep. 407 zwischen 'Vpsalen' und 'qui a predecessore'. Baluze I, 419 achtete nicht darauf. Es fehlt aber sicher 'episcopo' oder ein ähnliches Wort. An. 2 ep. 16 (fol. 146b) steht der Satz: 'Salvo quatuor solidorum illius que tunc in civitate Spoletan. currebat', worauf ein Spatium für ein Wort, dann 'per (p) anno singulos episcopo memorato, quod bo. me. M. predecessor eius in predicta plebe sibi noscitur reservasse'. Baluze II, 15 schrieb unbedenklich 'annos', wusste aber, wie es scheint, nicht, dass ein Spatium existiere, und vergass das Verbum (solvend.) zu ersetzen. Ich will nicht auf andere ähnliche Beispiele aufmerksam machen; diese innerhalb geringer Zwischenräume sich wiederholenden genügen im Vereine mit obigen Beweisen in uns den Zweifel zu wecken, ob die Registerbände Innocenz' III. wirkliche Originalregister seien. Sicher ist, dass diese Partien der Register nicht nach den Originalbullen angefertigt wurden, denn in diesen mussten die Worte doch deutlich geschrieben und das Pergament selbst unbeschädigt sein, und es läge kein Grund vorhanden, weshalb im Register sie nicht abgeschrieben wurden. Es bleibt hier nur die Möglichkeit offen, dass unsere Register nach Concepten, in denen manches durchstrichen und schwer zu lesen war, angefertigt wurden, oder nach einem frühern Register, welches an einzelnen Stellen stark gelitten hatte.

Dass ersteres nicht wohl der Fall sein könne, lässt sich mit Wahrscheinlichkeit aus einem Umstande schliessen, den Kaltenbrunner für das Gros der Registerbände geltend macht[1]), der aber hier im vollen Masse zutrifft. Die Registerbände Innocenz' III. repräsentieren nicht Kanzleibücher, in welche die Briefe nach und nach eingetragen wurden, die deshalb einen häufig eintretenden Wechsel der Dinte und Hände aufweisen müssten, sondern vielmehr eine Art Prachthandschriften, die innerhalb des Pontificates nur von wenigen Schreibern angefertigt wurden. Der Schreiber wechselt sehr häufig erst an der Scheide zweier Pontificatsjahre, und selbst hier nicht immer. Ein schlagendes Beispiel bietet n. 7A (Innocenz III. an. 10—12). Der erste Quatern ist in schöner breiter gleichmässiger Schrift (Minuskel) angefertigt; der Schreiber fürchtete, dass er auf diese Weise mit seinem Pergamente nicht auskommen werde, und so schrieb er vom Anfange des 2. Quaterns an enger, machte längere Linien, und statt der 37—38 Zeilen einer Seite, wie auf dem ersten Quatern, schrieb er nun durchschnittlich 52—54 auf einer Seite. Diese Veränderung gieng mitten in einem Briefe vor, und die neue Methode wurde bis zum Ende des 11. Jahres, d. i. durch zwei Jahre hindurch eingehalten. Man bemerkt allerdings im Laufe einen Wechsel der Dinte, was hoffentlich keiner Erklärung bedarf (derselbe ist sogar mitten in Briefen zu ersichtlich), aber es hält schwer den Wechsel der Schreiber zu constatieren. Auch beim 12. Pontificatsjahre war wenigstens im ersten Drittheile der Schreiber des 10. Jahres thätig. Ersteres beginnt jedoch schon mit 56 Zeilen auf einer Seite; im weitern Verlaufe genügten auch diese nicht, und wir finden gegen Schluss sogar 65 Zeilen, die dann bald wieder auf 58 reduciert wurden. Man fürchtete, das zugemessene Pergament werde nicht ausreichen, der Schreiber schrieb deshalb enger, und liess weniger Raum. Erst als er nahezu am Schlusse angelangt bemerkte, er werde knapp auskommen, hörte die Sparsamkeit wieder einigermassen auf.

All dies beweist, dass diese Bände nach geordneten schon fertigen Vorlagen und nicht nach Originalen oder Concepten angefertigt wurden. Dieselben waren aber auch nicht Kladden im Sinne Kaltenbrunners, sondern wirkliche Register, denn wir haben gesehen, dass sie von Innocenz III. als Registrum bezeichnet wurden,

---
1) Römische Studien I, S. 223. 224.

das wie die jetzigen Register aus Quaternen bestand. Ist meine Ausführung richtig, dann ergibt sich, dass in die Abschriften der Originalregister nicht alle Briefe des letztern übergiengen. Aus welchen Gründen dies geschah, vermag ich nicht zu entscheiden.

Die Erörterung, ob und in wieweit unsere Darlegung auf alle Registerbände des 13. Jhs. Anwendung habe, muss ich einer späteren Abhandlung vorbehalten. Die Untersuchung ist sehr schwierig und soll nicht überstürzt werden. Ich will mich hier nur kurz gegen einige jener Gründe wenden, welche Rodenberg gegen die Auffassung, dass unsere Register keine Originale im engsten Sinne sondern aus wirklich geführten Originalregistern angelegt worden seien, geltend gemacht hat[1]), ohne dass ich deshalb für letztere Ansicht vorläufig durchweg eintrete.

Er will S. 529 erweisen, dass die Concepte, nach denen unsere Register abgefasst seien, öfter bereits jene Nummern getragen hätten, die die betreffenden Briefe in den Registern besitzen. Sein Beweis ist nicht geglückt. Rodenberg ist über das Alter der Numerierung der Briefe falsch berichtet, weil er hiefür keinen andern Gewährsmann hat als Kaltenbrunner S. 249 ff. Die Nummern der Briefe im 2. und 3. Jahre Innocenz' IV. sind nicht bloss jünger als die Briefe selbst, sondern auch als die corrigierenden Bemerkungen zu den Briefen[2]). Dass die Nummern nicht zu gleicher Zeit wie die Briefe selbst geschrieben wurden, erhellt auf den ersten Blick. Wären sie gleichzeitig, so müsste die Dinte bei den Nummern in derselben Weise verblichen sein wie bei den betreffenden Briefen. Davon aber keine Spur. Die Nummern sind im 2. Jahre weit mehr verblichen als die Schrift der Briefe, im 3. Jahre bald mehr, bald weniger. Äusserst selten zeigt sich bei den Zahlen und den Briefen gleiche Dinte. Derselbe Schreiber, welcher die Nummern des 2. Jahrganges an-

---

1) Neues Archiv X, 514 ff. 528 ff.
2) Ich habe bemerkt, dass seit Innocenz III. bis Innocenz IV. hierin eine grosse Varietät herrscht, und dass innerhalb desselben Pontificates keine Regelmässigkeit zu finden ist. Es wäre Aufgabe derjenigen, welche die Register edieren, jedesmal darauf aufmerksam zu machen, denn diese Dinge sind keineswegs von untergeordneter Bedeutung. Was dem einen unwichtig scheint, ist für einen andern eminent wichtig.

brachte, that dies auch beim 3. Zudem hatte der Schreiber der Nummern eine weit feinere Feder als jener der betreffenden Briefe, wenigstens im 3. Jahre bei den ersten 100 Zahlen. Die Numerierung scheint sogar später als die Rubricierung zu den Briefen zu sein. Man bemerkt nämlich, dass die Zahlen fast durchweg nicht auf einer Linie mit der ersten Zeile des Briefes stehen, sondern zumeist gegen die Mitte der grossen roten Initiale hingeschrieben wurden. Müssen wir schon daraus schliessen, dass der Schreiber der Briefe und der Nummern verschieden ist, so ergibt sich dies auch aus der Form der letztern, die ja nur Buchstaben sind. Wenn nun Rodenberg darauf Gewicht legt, dass der Brief vom 10. Mai 1245 keine eigene Nummer besitze, sondern 'mit unter n. 39, einem Briefe, zu dem er auch nicht die geringste Beziehung hat, stehe', so ist es zunächst nicht richtig, dass er 'mit unter n. 39' steht, sondern, dass er keine Nummer hat. Warum aber dies? Weil derjenige, welcher die Numerierung angebracht hat, am Rande des Briefes die Worte las: Vacat eo quod est in secundo anno[1]), welche sicher älter als die Nummern sind, und wohl vom Schreiber des Briefes herrühren. Ebenso verhält es sich mit dem auf n. 55 folgenden Brief. Wenn Rodenberg behauptet, das 'Vacat' sei später geschrieben als der Text des Briefes, so ist dies natürlich klar; wenn er aber hinzusetzt: später als die Numerierung, so täuscht er sich, und er hätte dies nicht aussprechen sollen, ohne das Register gesehen zu haben. Umgekehrt, meint er weiter, folge im an. 1 auf n. 433 sofort 435, weil in n. 435 zwei Briefe steckten. Aber solche Fälle kommen sehr häufig vor; manchmal stecken sogar drei Briefe in einer Nummer. Warum hat man nicht auch in diesen Fällen beim Numerieren darauf Rücksicht genommen? Hätte Rodenberg das Register gesehen, so würde er

---

1) Leider hat Berger n. 1400 vergessen diese Notiz zu bringen. Auch fehlt bloss die Rubrik, nicht die Adresse; diese ist im Gegentheile wie bei den übrigen Briefen (auch wie bei dem Briefe zwischen 55 und 56) am Rande vorgemerkt, wurde aber nicht in rubro nachgetragen, eben weil der Rubricator das 'Vacat' am Rande des Briefes las. Rodenberg irrt sich also S. 522 mit der Behauptung, der Brief stehe im 3. Jahre 'ohne Angabe der Adresse'.

bemerkt haben, dass hier ein reiner Zufall obwaltet. N. 433 ist auf fol. 73 der letzte Brief; beim Umblättern irrte sich der Schreiber hinsichtlich der fortlaufenden Zahl. Betreffs der Irrungen beim Numerieren liefert uns das an. 5 Honorius' III. das eclatanteste Beispiel. Bis n. 199 auf fol. 39a läuft die wohl gleichzeitige Numerierung am äussersten Rande (öfters weggeschnitten) ganz richtig fort. Noch auf derselben Seite wird nun nach 199 mit 190 fortgefahren, und so geht es weiter bis fol. 51a n. 248; erst jetzt bemerkte derselbe Schreiber die Irrung, corrigierte oder durchstrich die Zahlen, und setzte die richtigen unter sie.

Noch weniger beweisen für eine Numerierung der Concepte die von Rodenberg S. 530 angeführten Stellen. Wenn man aus ihnen etwas schliessen kann, so ist es höchstens, dass die Schreiber aus zwei Briefen einen machten. Selbst dies bleibt noch unerwiesen, dass nach Concepten registriert wurde. Hinsichtlich der Briefe 'in eundem modum' bemerke ich, dass hier gar keine Regelmässigkeit herrscht, und man mithin alles Mögliche schliessen kann. An. 3 z. B. sind unter n. 537 13 solcher Briefe, und doch werden die einzelnen nicht gezählt. Auf n. 537 folgt nach jenen Briefen n. 539. Ist nun vielleicht der erste Brief an zwei Adressaten gerichtet? Sogar an drei. Wo bleibt hier Rodenbergs Princip? Die nächstfolgenden Briefe böten zu ähnlichen Bemerkungen Gelegenheit. Obwohl ihrer 20 sind, stehen sie doch sämmtlich unter n. 539. Zu n. 44 wurde ein Brief 'In e. m.' geschrieben, der ursprünglich nicht gerechnet wurde. Erst nachträglich wurde die Nummer des nächstfolgenden Briefes n. 45 in 46 umgeändert. Wenn man auf dem Boden Rodenbergs aus solchen Anzeichen etwas schliessen will, so ist es nicht die Annahme, dass die Concepte numeriert waren, sondern das gerade Gegentheil.

Schwerer wiegend sind andere Ausführungen Rodenbergs. Ich nehme einige aus dem Schlusse S. 532ff. heraus. Er meint, unsere Regesten scheinen so bald nach der Abfassung der Briefe selbst geschrieben zu sein, dass ein Zwischenglied zwischen ihnen und den 'Concepten' nicht gut existiert haben kann. Einen Beweis sieht er in der alten Notiz von n. 32 (Clemens IV.): Istud Regestum fuit inceptum XVI. kl. Oct. a. d. MCCLXIII et finitum fuit in vigilia nativitatis sancte M. quando dominus U. papa recessit de Urbe veteri a. d. MCCLXIIII et sic duravit per X menses. (Dass die letzte Zahl irrig ist, haben weder Kaltenbrunner noch Rodenberg bemerkt.) Es liegt auf der Hand, dass sich diese Notiz nicht auf einen Registerband Clemens' IV. beziehen könne, sondern höchst wahrscheinlich auf einen Urbans IV. Aber auf welchen? Ist es so sicher, dass sie den dritten im Auge habe? Und dies zugegeben, bezieht sie sich auf einen unserer Bände? Mit der 'zunächst liegenden Vermutung' ist hier nichts geholfen, denn diese ist für den einen die, für den zweiten eine andere. Als entscheidend führt Rodenberg Vermerke in den Registern an, und unter anderm das zu Innocenz III. an. 13 epp. 114—115 (oder 109—110; es ist doppelte Numerierung, keineswegs Kaltenbrunner und Rodenberg zufolge 110—115): Iste littere fuerunt rescripte et sic correpte, postquam fuerunt bullate'. Richtig! Allein diese Notiz wurde eben aus dem frühern Register copiert, denn unser Register ist 150 Jahre jünger als Innocenz III. Rodenberg hat nicht gut gethan, sich auf Kaltenbrunner zu verlassen. Wurden nun solche Vermerke nach so grossem Zeitraume copiert, können sie dann nicht auch aus den Originalregistern in die nicht viel spätern, welche wir besitzen, übergegangen sein? Die Möglichkeit wird niemand läugnen, obwohl ich gerne zugestehe, dass die übrigen von R. citierten Vermerke ihre grosse Bedeutung haben, ja dass sie eine Hauptschwierigkeit bilden. Meine Intention geht hier nur darauf, jene Momente auszuscheiden, die nichts beweisen.

Endlich meint Rodenberg, es sei kein Grund aufzufinden, weswegen man derartige provisorische mit den definitiven vollkommen identische Register angelegt haben sollte. Aber hat denn Rodenberg für den Augenblick die Papierregister der avignonesischen Päpste vergessen? Welcher Grund lag denn unter letzteren vor zweierlei Register anzulegen? Die ursprünglichen sind die Papierregister; in dorso der Originalbriefe wurde die Briefnummer der letzteren geschrieben[1]). Glaubt Rodenberg,

---

1) Diekamp führt im Hist. Jahrb. IV, 247 eine Urkunde Johanns XXII. vom 4. Juli 1818 an, welche den Registratur-Vermerk R. MMCCLXXVIIII. zeigt. Ottenthal theilte ihm mit, sie sei an. 2 p. 2 fol. 408 n. 2269 regi-

dieser Usus sei erst unter Johann XXII. entstanden? Es scheint, da Munch sagt, mit diesem Papste trete ein bedeutender Unterschied auf, man finde nämlich jetzt neben den Pergamentbänden noch andere unbedeutend ältere auf Papier [1]). Allein Munch war schlecht unterrichtet. Schon unter Clemens V. gab es Papierregister [2]), von denen noch Fragmente zu sehen sind. Doch nicht blos Papierregister existierten unter diesem Papste, sondern aus dem ersten Jahre ist uns sogar noch ein bedeutendes Bruchstück eines Pergamentregisters erhalten, das für unseren jetzigen ersten Band der Register Clemens' V. als Vorlage gedient hat [3]). Glaubt nun jemand, unter diesem Papste, unter dem die päpstl. Kanzlei gerade im Niedergange war, habe man angefangen provisorische Register anzulegen, ja diese sogar noch auf das kostspielige Pergament zu schreiben? Da hat denn doch die Ansicht mehr Wahrscheinlichkeit für sich, dass unter Clemens V. der alte Gebrauch in Abnahme kam und dieser Papst an der Scheide zweier Zeiten stehe, dass nämlich unter ihm die provisorischen Pergamentregister ihr Ende fanden, und die Papierregister an deren Stelle eingeführt wurden. Die Schriftzüge (mehr päpstl. Kanzleischrift als Minuskel) des Pergamentfragmentes Clemens' V. werden uns einigermassen ermöglichen auf die Anlage der ursprünglichen Register zurückzuschliessen und die Originalregister aus unsern Regesten herauszusuchen.

Aus dem Vorhergehenden ersieht man, wie viel noch zu thun übrig ist, und dass wir nicht mit Sprüngen weiter kommen, sondern nur schrittweise. Ich bin der Meinung, dass sich jetzt hierin ebenso wenig allgemeine Normen aufstellen lassen, wie hinsichtlich der Frage, ob nach den Originalbriefen oder nach den Concepten registriert wurde [4]). Vorläufig müssen wir uns mit der Einzelforschung begnügen.

striert und es liege ein Fehler ob. Allein der Registratur-Vermerk bezieht sich nicht auf die Pergamentregister, in denen der Brief unter n. 2160 (nicht 2269) steht, sondern auf das betreffende Papierregister der avignonesischen Sammlung t. 9 zu fol. 400a n. 2279. S. dazu 397 b.

1) S. Aufschlüsse S. 33.
2) S. oben S. 1 Anm. 2.   3) S. oben S. 17.
4) Ich halte es nicht für überflüssig schon hier zu bemerken, dass gerade das bestechendste Argument Rodenbergs hinfällig ist. Aus der oft sehr

Den Lesern wird es nicht unerwünscht sein am Schlusse zu erfragen, wie viele Briefe und Acten in den im folgenden Inven-

---

späten Registrierung vieler Briefe schliesst er, dass die Eintragungen in die Register in der Regel nach den in der Curie zurückgebliebenen Concepten, nicht aber nach den Originalen, die doch sobald wie möglich, besonders wenn sie processualistische Entscheidungen des Papstes enthielten, expediert worden seien (Neues Archiv X, 517 ff.). Dieser Aufstellung halte ich folgende schlagende Beispiele entgegen. Das an. 1 Honorius' IV. eröffnen im Bande 43 mehrere Schreiben (n. 2—7. 9), durch welche gewisse Briefe Martins IV. aus dem 4. Jahre als rechtskräftig erklärt werden. Letztere lagen nämlich, vollends ausgefertigt, in der römischen Curie, wurden aber, ehe der Papst starb, nicht bulliert, konnten also auch nicht expediert werden. Es heisst überall: Verum quia antequam littere bullate fuissent huiusmodi, dictus predecessor diem clausit extremum, idem Vicecancellarius etc. (cfr. Pottbast n. 22227). Natürlich fehlen diese Schreiben im betreffenden Registerbande Martins IV. Die ersteren bei Honorius IV. mitgetheilten Briefe Martins sind (sämmtliche in Perugia) datiert 18.—22. Jänner (1285); der letzte (n. 9) 21. März. Sehen wir uns nun die Daten der letzten Briefe im Registerbande (an. 4) Martins IV. an, so finden wir 13. Februar, 11. März (n. 75. 76), in den litterae curiales 16. (n. 24) und 27. (n. 25) Februar, im Cameralregister (Bd. 42) 24. März (an. 5) vertreten. Martin starb am 28. März. Die im Registerbande Honorius' IV. registrierten Briefe Martins wurden also zurückbehalten, trotzdem solche mit späteren Daten expediert und registriert worden waren. Nun, vielleicht legt jemand darauf wenig Gewicht, da der Abstand doch nur 1 bis 2 Monate beträgt. Meinetwegen. Allein unter den nicht bullierten und expedierten Schreiben Martins bei Honorius trägt einer das Datum Apud Urbem veterem 10. kal. Julii (22. Juni) an. 4 (n. 6). Dasselbe, an den episc. Ripen. gerichtet, ist also nicht weniger als volle 9 Monate in der Curie zurückgeblieben, trotzdem es sich mit einer höchst wichtigen kirchlichen Processache beschäftigt. Man sehe den Inhalt bei Sbaralea Bull. Francisc. III, 533 n. 1 (Potthast hat n. 22227 leider unterlassen das Datum des Martinschen Schreibens zu bringen; er weist auch auf einen ganz irrigen Brief [n. 21892] zurück, der erst im weiteren Verlaufe des Schreibens citiert wird). Ich überlasse es nunmehr dem Leser Rodenbergs Aufstellung zu kritisieren. Das genannte Factum wirft nun auch ein helles Licht auf den letzten Brief in den litterae an. 4 Martins IV. (Bd. 41 n. 77). Er ist datiert Apud Urbem veterem 7. kal. Jun. (26. Mai), also einen Monat früher als der eben besprochene (Eduardo regi Anglie. Potthast n. 22143). Ohne Kenntniss der erörterten Thatsache würde man hier natürlich unverzüglich Rodenbergs Argument geltend machen. Vielleicht findet man es aber jetzt nicht so unwahrscheinlich, dass dieser Brief erst kurz vor Martins Tod bulliert und expediert worden ist. Soll es aber zur Zeit Honorius' III. und Innocenz' IV. anders gewesen sein?

tare vom J. 1339 beschriebenen und noch erhaltenen Bänden von Innocenz III. (an. 13—16 mitgerechnet) bis Bonifaz III. exclus. sich finden. Nach meiner so weit als möglich genauen Zählung belaufen sich dieselben auf nahezu 36000. Potthast hat für jenen Zeitraum mit den Nachträgen etwas über 25000 verzeichnet, und von diesen sind mehrere Tausende nicht registriert. Man kann nun ermessen, wie bedeutend noch der von der päpstlichen Kanzlei des 13. Jhs. der Nachwelt hinterlassene Schatz ist.

Hinsichtlich der Editionsweise des Inventars habe ich hier nur Folgendes zu bemerken. Die Incipits und Explicits enthalten natürlich öfters unvollständige Wörter. In solchen Fällen erlaube ich mir die Ergänzung aus der vorhergehenden oder nächstfolgenden Seite jener Bände, die noch erhalten sind, in Klammern beizusetzen.

Inventar der Regesten und Archivalien vom J. 1339.

In nomine dom. Amen. Anno nativitatis eiusdem dom. ſcðcxxxix, indictione vj., pontificatus sanctissimi patris et dom. nostri dom. Benedicti divina providentia pape xij. anno quinto, die lune, xv. mensis martii in palatio plebis sancti Fortunati de Montefalcone, quod est romane ecclesie et dom. pape, Spoletan. dioc., presentibus ven. viro dom. Joanne Rigaldi canonico Albien. legum doctore, Spoletan. ducatus thesaurario, et dominis Bartholo Aldevalurucii plebano plebis Felonice, et Andrea Gilioli rectore ecclesie S. Angeli de Camiano de Montefalcone, et me magistro Geraldo de Carreria et Aymerico de Cornu notariis publicis Fulginat. Spoletan. et Caturcen. dioc. per ven. virum dom. Johannem de Amelio archidiaconum Foroiulien. camere dom. pape clericum et commissarium ad infrascripta per eundem dom. papam specialiter deputatum facti fuerunt fardelli, qui secuntur, de libris Registrorum et scripturis aliis summorum pontificum repertis in camera prope sacristiam superiorem in loco fratrum Minorum de Assisio, qui inferius per ordinem continentur.

Secuntur libri et Registra dom. **Innocentii** pape iij.

Et primo fuit factus unus fardellus signatus per xxxvj de omnibus libris Registrorum et scripturis repertis in cofano signato per xxxvj cum aliis cofanis reperto in camera, que est prope sacristiam superiorem fratrum Minorum de Assisio in loco, ubi conservatur et repositus est thesaurus romane ecclesie, in quo cofano fuerunt reperti et inventi libri qui secuntur et repositi in dicto fardello [1]).

---

[1]) Bei den nun folgenden Nachweisen sehe ich vom Formatmaasse der Bände, weil hier von ganz untergeordneter Bedeutung, ab.

Et primo fuit repertum in dicto cofano et repositum in dicto fardello unum volumen copertum de corio rubeo antiquo libri scripti in cartis pecudinis continens duos libros primi et secundi anni dom. Innocentii pape iij., quorum primus liber in secundo folio incipit *venerint donec*, et finit in eodem folio *ne dito du*(ci), et in penultimo folio incipit *ad nostram noveritis*, et finit in eodem *fecerint in do*(mibus).

Item secundus liber dicti voluminis incipit in secundo folio *et destituit*, et finit in eodem scripto de rubro *Gregorii Spoletan.*, et incipit in penultimo folio *adverse fiunt*, et finit in eodem *anno secundo*[1]).

Item aliud volumen Registrorum dicti dom. Innocentii pape copertum de corio rubeo continens duos libros Registrorum anni tertii et quarti, quod volumen incipit in secundo folio *ap. post.* et finit in eodem *ante dictos*, et in penultimo folio incipit *impedire*, et finit *Clementis et*[2]).

---

1) Die Beschreibung der beiden ersten Jahre stimmt zum Registerband n. 4, welcher eben die genannten Pontificatsjahre enthält. Das erste Jahr hat keine eigentliche Überschrift; allein fol. 145 stehen am Beginne des 2. die Worte in rubro: **Regestorum domini Innocentii beatissimi pape tercii liber primus explicit. Incipit secundus.** Das erste besitzt bis fol. 144 epp. 576; das zweite hat 288 Briefe bis fol. 217. Der Band enthält einen neuen Index.

2) Dieser Jahrgang, nun mit den Jahrgängen 5—7 in dem Bande n. 5 vereinigt, besteht nur mehr aus zwei Bruchstücken. Das eine füllte früher die fol. 173—186 des vierten Jahrganges Alexanders IV. (n. 25). Auf dem leeren fol. 172b des Jahrganges befindet sich die Notiz von später Hand: folia quae hic videntur deesse non sunt huius libri, sed sunt de anno tertio Innocentii tertii, propterea ibi reperies, quia ibi sunt reposita. In der That stehen nun die genannten Blätter, welche die Briefe 21—52 der jetzigen Numerierung umfassen, im dritten Jahrgang Innocenz' III. Sowohl die ältere Foliierung, die die Blätter einst im Jahrgange Innocenz' III. besassen, als die spätere, da sie der Sammlung Alexanders IV. einverleibt waren, ist noch theilweise ersichtbar. Da die Angaben Kaltenbrunners S. 279 Anm. 1 grossentheils irrig sind, will ich den wahren Sachverhalt darstellen. Im Alexander umfassten die Blätter, wie bereits bemerkt, fol. 173—186; von ihnen waren die 3 letzten leer. Das leere fol. 186 ist nun das erste. In ihrer früheren richtigen Stellung im Registerbande Innocenz' III. war fol. 173: fol. 66; fol. 186 aber fol. 95; sowohl dieses als fol. 93 und 94 waren leer, somit fehlen nun zwei Quaternen, d. i. 16 Blätter (Kaltenbrunner las irrig und

Item aliud volumen eiusdem dom. pape copertum de simili corio continens tres libros anni v. vj. et vij., quod incipit in secundo folio *et plene*, et finit in eodem *plenitudi*(nis), et in penultimo folio incipit *post illum* et finit *pertinentia*[1]).

Item aliud volumen dicti dom. pape copertum de simili corio continens duos libros annorum viij. et ix., quod incipit in secundo folio (ca)*nonici qui sunt*, et finit in eodem folio *processum*, et in penultimo folio incipit *auribus*, et finit *provida*[2]).

meinte, es fehlten nur 8 Blätter), die aber schon damals, als sie in Alexanders Sammlung standen, gemangelt haben, denn die Foliierung liess dort bei den noch erhaltenen Blättern keine Lücke bemerken. — Ausser diesem Fragmente ist noch ein anderes vom 3. Jahrgange erhalten; es hört dort auf, wo das früher besprochene anfängt, was eben aus der älteren Foliierung hervorgeht, die Blätter sind fol. 57—65 (in ihnen sind die Briefe 1—20 der heutigen Numerierung erhalten); somit fehlt der Anfang. — Diese Auseinandersetzung wird durch die oben S. 34 erwähnten Rubricellen des 3. Jahrganges bestätigt und vervollständigt. Sie beziehen sich auf den alten vollständigen Band. Es ergibt sich aus ihnen, dass jetzt alle Briefe bis fol. 57 (der älteren Foliierung) fehlen. Das unvollständige Schreiben, welches nun den Beginn macht, ist an den Bischof von Ely gerichtet. Aus den Rubricellen erhellt ferner, dass bis fol. 73 incl. (der älteren Foliierung) die Reihe ununterbrochen ist, dass uns aber fol. 74—89 fehlen. Das sind eben die zwei Quaternen, von denen ich gesprochen habe. Die fol. 90—92, auf denen der Schluss des Regestenbandes stand, sind uns noch erhalten. Fol. 93—95 waren und sind leer. Der in den Rubricellen auf fol. 92 letzte Brief ist wie in den Regesten 'nobili viro Aymoni' gerichtet. Dadurch wird Bréquignys Vermutung widerlegt, die vier letzten Briefe seien ein Überbleibsel des 4. Jahrganges.

Der vierte Jahrgang, welcher oben verzeichnet wird, fehlt im Vat. Archiv. Allein es existieren von ihm Rubricellen. S. S. 34.

1) Die genannten drei Jahre finden sich auch jetzt in dem eben erwähnten Registerband n. 5 vereinigt, und sind identisch mit den oben beschriebenen. Fol. 1 die Überschrift in rubro: Incipit quintus liber Regestorum dñi Innocentii pape iij., bis fol. 48 mit 162 Briefen. Fol. 49 Überschrift in rubro: Regestorum dñi Innocentii pape iij. liber sestus incipit, bis fol. 109 mit 245 epp. Fol. 110 Überschrift in rubro: Incipit liber septimus Regestorum dñi Innocentii pape tercii, bis fol. 179 mit 231 Briefen.

2) Beide Jahrgänge bietet nun der Band n. 7. Nach dem neueren Index fol. 1 Überschrift in rubro: Regestorum dñi Innocentii pape iij. liber octavus incipit, bis fol. 67 mit epp. 217. Fol. 68 in rubro: Regestorum domini Innocentii pape iij. nonus liber incipit, bis fol. 145 mit 270 Briefen.

Item aliud volumen dicti dom. pape copertum de simili corio continens tres libros annorum x. xj. et xij., quod incipit in secundo folio *fundatum*, et finit in eodem folio *quocirca*, et in penultimo folio incipit *cum a nobis* et finit *duodecimo* ¹).

Item aliud volumen dicti dom. pape copertum de carta pecudina congluctinata cum carta bombicina veteri continens iiij libros annorum xiij. xiiij. xv. et xvj., quod incipit in secundo folio *Sacrosancta*, et finit *dant ut in alia*, et in penultimo folio incipit *volentes*, et finit *satis in* ²).

Item aliud volumen dicti dom. pape copertum de consimili carta, in quo defficiebant aliquis seu aliqui quaterni, quod incipit in secundo folio *generale*, et finit in eodem *que*, et in penultimo folio incipit in secunda pagina *ad reformationem*, et finit in eodem folio *abbas* ³).

---

1) Bd. n. 7A enthält diese drei Jahrgänge. Über die Schicksale des Bandes s. Delisle in der Bibl. de l'école des chartes t. 46 p. 92 sqq. Delisle hatte bereits 1873 in der Bibliothèque de l'école des chartes t. 34 p. 398 sqq. darauf aufmerksam gemacht, dass sich der Band in der Bibliothek des Lord Ashburnham befinde und nicht verloren sei. Der nunmehr dem Archiv restituierte Band beginnt nach dem neuern Index fol. 1 in rubro: Regestorum dñi Innocentii pape iij. incipit liber decimus, bis fol. 45 mit 212 epp. Fol. 46 beginnt das 11. Jahr, aber ohne Überschrift, weder in rubro noch als Vorschrift am Rande, bis fol. 94 mit 368 Briefen. Fol. 95 enthält die Überschrift in rubro: Incipit duodecimus liber Regestorum domni Innocentii pape tertii, bis fol. 132 mit ungefähr 180 Briefen und Documenten.

2) Die Regesten der vier Jahrgänge 13—16, welche nunmehr den Band n. 8 mit c. 767 epp. füllen, sind nicht die ursprünglichen oben beschriebenen. Die im Vat. Archiv existierenden stammen aus der Zeit Urbans V. S. oben S. 43. Höchst wahrscheinlich waren die alten Register identisch mit jenen, welche zur Zeit des François Bosquet im Collège de Foix zu Toulouse aufbewahrt wurden. S. darüber und über einschlägige Fragen Delisle Bibliothèque de l'école des chartes t. 34 p. 398, t. 46 p. 90 ff. Kaltenbrunner hat nicht darauf geachtet; dessen Abhandlung lässt die Voraussetzung unbeanstandet, dass genannte Jahrgänge zur alten Serie gehören. Unzweifelhaft beziehen sich die im Cod. Paris. 4118 und oben S. 35 beschriebenen Rubricellen der Jahre 13—16 auf die alten Register. Zur Copie im Vat. Archiv stimmen die Blattzahlen nicht. Die oben S. 35 gebrachten Überschriften zu den Rubriken im Pariser Fragment sind auch die Überschriften zu den vier Jahrgängen, deren 13. und 16. am Schlusse defect sind.

3) Ob in dem oben beschriebenen im Archive nicht mehr befindlichen

Item aliud volumen dicti dom. pape copertum de carta pecudina scriptum super negotio Romani Imperii, quod incipit in secundo folio *apostolicum*, et finit in eodem *vigilans hac*, et in penultimo folio incipit *contra*, et finit in eodem *parti* (perti?)[1]).

Item aliud volumen dicti dom. pape copertum de carta pecudina, quod incipit in secundo folio *et idem*, et finit in eodem *sermonem ad*, et in penultimo folio incipit *set*, et finit in eodem *specula resi*[2]).

Item aliud volumen dicti dom. pape copertum de simili carta, in quo defficit seu defficiunt aliquis seu aliqui quaterni in principio et incipit in secundo folio *si etiam*, et finit in eodem *filium sui*. Et in penultimo folio incipit *tunc das*, et finit in eodem folio *solum*[3]).

Secuntur volumina Innocentii pape iiij.

Et primo unum volumen dicti domini Innocentii primi anni copertum de carta pecudina veteri continens primam partem prout exterius describitur et incipit in secundo folio *Si quis autem* et finit in eodem folio *absolven*(tes) et incipit in penultimo folio *quod pro*, et finit in eodem *profectus*[4]).

Item aliud volumen dicti domini pape secundi anni copertum de simili carta. Et incipit in secundo folio *provinciam*, et

---

defecten Bande eines der Regierungsjahre 17—19 aufbewahrt war, wird nicht gesagt. Es fehlte bereits damals wie bei dem an letzter Stelle angeführten Liber der Anfang. Sicher ist, dass entweder in dem obigen oder in dem zuletzt genannten wenigstens das 18. und 19. Pontificatsjahr geschrieben war, da in den oben S. 84 Anm. 1 erwähnten Bruchstücken der nicht vor Urban V. angefertigten Rubricellen solche für beide Jahre existieren.

1) Dieser Band trägt die Signatur 6 und enthält fol. 1 am oberen Rande die Vorschrift: Regesta dñi Innocencii tercii pape super negotio romani Imperii, bis fol. 44 mit 195 epp. Von den oben angegebenen Schlagwörtern stimmen nur die auf fol. 2, nicht aber die vom vorletzten Blatte. Der Band ist also unvollständig auf uns gekommen, es fehlt der Schluss trotz der leeren Blätter am Ende. So befinden sich auch im 11. Jhgg. zwischen fol. 89 und 96, d. i. vor Schluss des 11. Jahres, vier leere Blätter.

2) Fehlt im Vat. Archiv.

3) Fehlt im Vat. Archiv. In diesem Bande mag wie in dem oben erwähnten eines der Regierungsjahre 17—19 enthalten gewesen sein. S. S. 74 Anm. 3.

4) Die Pontificatsjahre 1—5, welche damals getrennt waren, sind jetzt sämmtlich in einem Bande mit der Signatur 21 vereinigt. Sie stimmen

finit in eodem *recipere*, et in penultimo folio incipit (de)*bitorum*, et finit in eodem *et*.

Item aliud volumen dicti domini pape tercii anni copertum de consimili carta, quod incipit in secundo folio (consue)*tudinibus*, et finit in eodem *et pre*(sentis), et in penultimo folio iucipit *examinatio*, et finit in eodem *constantia*.

Item aliud volumen anni quarti copertum de simili carta quod incipit in secundo folio *Lugduni*, et finit in eodem *civitatem*, et in penultimo folio incipit *carissimo*, et finit *detestan*(dum).

Item aliud volumen dicti domini pape anni quinti copertum de simili copertura, quod incipit in secundo folio *ex parte*, et finit in eodem *dampna*(biliter), et in penultimo folio incipit *instantem* et finit in eodem *constitutas*.

Item aliud volumen dicti domini pape anni vj. copertum de simili copertura, quod incipit in secundo folio *et satisfaciendus*, et finit in eodem *gratie*, et in penultimo folio incipit *promovendo*, et finit in eodem *ad*[1]).

Item aliud volumen dicti domini pape anni vij. copertum de consimili carta, quod incipit in secundo folio *te apostolica*, et finit

---

durchgehends mit den oben beschriebenen überein. Das erste Jahr beginnt fol. 1 in rubro: Incipit Regestum primi anni domini Innocentii pape quarti, bis fol. 117 mit 746 Briefen. Der zweite Jahrgang trägt fol. 121 die Überschrift in rubro: Incipit Regestrum secundi anni domini Innocentii pape quarti, bis fol. 202 mit 647 epp. Fol. 205 in rubro: Littere curiales sunt in isto quaterno, bis fol. 212 mit 13 Nummern, denen sich f. 208b die Constitutionen vom Concil zu Lyon anschliessen. Fol. 213 beginnt der dritte Jahrgang mit der Überschrift in rubro: Incipit Regestrum tertii anni dñi Innocentii pape quarti, bis fol. 298 mit 627 epp. Fol. 301: In isto quaterno sunt littere curiales, mit 30 Nummern bis fol. 306. Der vierte Jahrgang trägt folgt 309 die Überschrift in rubro: Incipit Regestum quarti anni dñi Innocentii pape quarti, bis fol. 414 mit 916 Nummern. Fol. 417: Littere curiales als Vorschrift, bis f. 434 mit 133 Briefen. Der fünfte Jahrgang beginnt f. 439 in rubro: Incipit Regestum quinti anni domini Innocentii pape quarti, bis fol. 547 mit 1000 Briefen. Fol. 551 folgen 57 'Litterae curiales' (Vorschrift).

1) Dieser Band befindet sich nicht im Vat. Archiv, sondern steht mit der Signatur 4039 in der Nationalbibliothek zu Paris. Die Schlagwörter von fol. 2 stimmen deshalb nicht zu unserm Bande, weil jetzt die ersten Blätter fehlen. Es convenieren aber durchaus die Schlagwörter am vorletzten

in eodem *hospita*, et in penultimo folio incipit *mini*, et finit in eodem *matis* ¹).

Item aliud volumen dicti domini pape anni viij. copertum de simplici carta pecudina veteri, quod incipit in secundo folio *a iure*, et finit in eodem *occulta*, et in penultimo folio incipit *dilectum*, et finit in eodem *postponas* ²).

Item aliud volumen dicti domini pape ix. anni copertum de consimili carta, quod incipit in secundo folio *providentiam*, et finit in eodem *perso*(natibus) et in penultimo folio incipit *per successionem*, et finit in eodem *aliquis a*(ctenus).

Item aliud volumen dicti domini pape copertum de simili carta anni x., quod incipit in secundo folio *Imperatoris*, et finit in eodem de rubro scriptum *fratrum*, et in penultimo folio incipit *et singulas*, et finit in eodem *iure*.

Item aliud volumen dicti domini pape anni xj. copertum de simili carta quod incipit (an)*no xj.* in secundo folio, et finit in eodem *aut*, et in penultimo incipit *secundum*, et finit *am*(bulat) ³).

Blatte. Im Vatic. Archiv existiert unter Sign. 21 A eine moderne Copie des Pariser Codex. Die Beschreibung des Pariser Codex s. bei Berger, Les Régistres d'Innocent IV. vol. I, VIII. In Summa 760 epp.

1) Dieser Band ist in Verlust geraten; man kann ihm nirgends auf die die Spur kommen.

2) Die Pontificatsjahre 8—10 sind nun in den Band n. 22 vereinigt. Sie sind vollends identisch mit den eben beschriebenen. Die zwei Blätter, welche am Ende des 10. Jahres stehen (fol. 313. 314), gehören nicht hieher, sondern sind der Schluss des 12. Pontificatsjahres, wie sich auch aus den dort angeführten Schlagwörtern ergibt. Das 8. Jahr beginnt fol. 1 in rubro: Incipit Regestum domini Innocentii pape quarti anno octavo, bis fol. 77 mit 535 Briefen; fol. 81—95 stehen 77 litterae curiales, fol. 97—109 sind 88 andere Briefe. Fol. 113 beginnt in rubro: Incipit Regestum noni anni domini Innocentii pape iiij., bis fol. 169 mit 344 epp. Fol. 171—185 folgt eine doppelte Partie von 75 Briefen. Von fol. 185 springt die Foliierung plötzlich auf fol. 195 über, so dass es scheinen möchte, als fehlten nun 9 Blätter. Allein wie sich aus den oben angegebenen Schlagwörtern, die sich auf den Schluss des 9. Jahrganges beziehen, ergibt, ist dem nicht also. Sie stimmen mit den auf fol. 184 überein. Eventuell gehen nur leere Blätter ab. Der 10. Jahrgang beginnt fol. 196 in rubro: Incipit Regestum domini Innocentii pape iiij. anni decimi, bis fol. 288 mit 817 epp. Von fol. 291—311 existiert eine neue doppelte Partie von 142 Briefen.

3) Der jetzige Registerband mit der Signatur 23 umfasst den 11. und

Item aliud volumen dicti domini pape anni xij. copertum de postibus quod incipit in secundo folio *benivolentia*, et finit *Jugo*, et in penultimo incipit *nota*, et finit *ipsum*[1]).

Rubrica Registrorum domini Innocentii pape v.[2])

Item unum volumen parvum dicti domini Innocentii pape v. copertum de carta pecudina veteri quod incipit in secundo folio *Commissus*, et finit *favorabilem*, et in penultimo incipit *leo lego*, et finit *ab ea.*

Item fuit in dicto fardello repositus unus liber copertus a parte ante de carta pecudina veteri in qua exterius erat intitulatio tenoris sequentis: **Registrum de diversis notis et literis magistri Arloti condam notarii domini pape Innocentii**, et incipit in secundo folio *Ind.*', et finit *gratiam*, et in penultimo incipit *turensis Archiepiscopus*, et finit *impendentem.*

Item fuit repositus in dicto fardello quidam quaternulus parvi voluminis sine copertura quod incipit in secundo folio *sup*, et finit *vestimenta*, et in penultimo incipit *vel*, et finit *interdicte*[3]).

Secuntur volumina seu Registra domini Alexandri pape iiij., que fuerunt posita in alio fardello signato per xxxvij. una cum aliis voluminibus que secuntur inferius, et extracta de cofano signato per xxxvij.

Et primo unum volumen primi anni copertum de postibus

---

12. Jahrgang. Fol. 1 enthält die Überschrift in rubro: Incipit Regestrum domini Innocentii pape iiij. anni undecimi, bis fol. 109 mit 779 Briefen. Von fol. 113—127 ist eine neue Serie, die als Vorschrift besitzt: Beneficia, mit 108 Briefen; f. 129—140 sind 49 curiales. Fol. 141 beginnt die Überschrift in rubro: Incipit Regestum domini Innocentii pape iiij. anni duodecimi, bis fol. 199 mit 439 Briefen. Von fol. 201 bis fol. 212 eine Partie von 73 epp. (beneficia, curiales), zu denen noch die sechs Briefe, welche auf fol. 313. 314 des Registerbandes n. 22 d. i. am Ende des 10. Pontificatsjahres stehen (s. S. 77 Anm. 2), zu rechnen sind.

1) In diesem Bande fehlen die zwei Schlussblätter; diese schliessen aber den Registerband n. 22 ab. Dort (fol. 313) stehen auch die betreffenden Schlagwörter (vgl. S. 77 Anm. 2. 3.).

2) Von Innocens V. ist im Vatic. Archiv kein Band mehr erhalten. Ich fand auch sonst keine Spur von irgend einem.

3) Ob dieser Quatern Innocenz V. angehört habe, wird nicht gesagt. Genug, ich konnte ihn im Vat. Archiv nicht entdecken.

quod incipit in secundo folio *sitis*, et finit in eodem *fidelita*(tem), et in penultimo incipit in nigro *execrabilis*, et finit *habetur pre*(dicta)¹).

Item aliud volumen dicti domini pape secundi anni copertum de carta pecudis vetere, quod incipit in secundo folio *sibi*, et finit in eodem *parus*²), et in penultimo incipit *habeant*, et finit in nigro *secundo*.

Item aliud volumen tertii anni dicti domini pape copertum de consimili carta, quod incipit in secundo folio *obviaretur*, et finit *Polone*³), et in penultimo incipit *provida*, et finit *monete*⁴).

Item aliud volumen eiusdem domini pape iiij. anni copertum de simili carta, quod incipit in secundo folio *que*, et finit *iux*(ta), et in penultimo incipit *specialis*, et finit *quarto*.

Item aliud volumen ipsius domini pape anni v. copertum de simili carta, quod incipit in secundo folio (receptio)*num*, et finit *du*(dum), et in penultimo incipit *suffragari*, et finit *certis*.

Item aliud volumen anni vj. dicti domini pape copertum de

---

1) N. 24 repräsentiert nunmehr die beiden ersten Jahrgänge, die der obige Index beschreibt. Der erste beginnt in rubro: Incipit regestum dñi Alexandri pape iiij. pontificatus sui anno primo. Er geht bis fol. 116 und umfasst 795 Briefe. Fol. 119—120 eine Partie von 12 Briefen. Fol. 121 steht die Vorschrift: Littere curiales, bis fol. 122 mit 10 epp. Der zweite Jahrgang beginnt fol. 125a: Incipit regestrum dñi Alexandri iiij. pontificatus sui anno secundo, bis fol. 212a mit 491 Briefen.

2) Der Registrator konnte das letzte Wort (fol. 126b) nicht lesen, das nicht *parus*, sondern *personatus* heisst.

3) Schreibfehler statt *Polonie*, wie im Registerband (n. 25 fol. 2b) steht.

4) Die Jahrgänge 3—6 sind nun mit einander im Bande n. 25 verbunden. Sie sind identisch mit den in Assisi vorgefundenen. Der dritte beginnt in rubro: Incipit Regestrum dñi Alexandri pape iiij. pontificatus sui anno tertio. Er reicht bis fol. 113a und enthält 789 Briefe. Dem vierten (fol. 115a) mangelt die Überschrift in rubro, die nach der Vorschrift am Rande: Incipit regestrum domini Alexandri pape iiij. p. (der Rest ist weggeschnitten) hätte angefertigt werden sollen. Er geht bis fol. 169b mit 321 resp. 322 Briefen. Der fünfte Jahrgang beginnt in rubro: Incipit regestrum dñi Alexandri iiij. pontificatus sui anno quinto (fol. 187—235b mit 263 epp.). Der sechste Jahrgang beginnt in rubro: Incipit regestrum dñi Alexandri pape iiij. pontificatus sui anno sexto (fol. 237—267b mit 141 resp. 170 Briefen).

simili carta quod incipit in secundo folio *de Lentino*, et finit *gratie*, et in penultimo incipit *retinere*, et finit *factam*.

Item aliud volumen vij. anni ipsius domini pape copertum de consimili carta in quo non est nisi una petia et incipit in secundo folio (recipien)*di*, et finit *mi*(serationis), et in penultimo incipit *assignabitis*, et finit *unita*[1]).

Item fuit repositus in dicto fardello unus liber copertus de consimili carta qui intitulatur in principio de nigro ut sequitur: liber receptorum tempore domini Nicolay de Anagnia camerarii domini Alexandri pape iiij.[2]).

Item quidam liber parvulus scriptus in cartis bombicinis copertus de carta pecudis veteri et exterius incipit intitulatio ut sequitur: Transcriptum licterarum missarum etc.[3]).

---

1) Dieser Jahrgang fehlt im Vat. Archiv (25 A Copie), er befindet sich aber in der Nationalbibliothek zu Paris in der Hs. 4038 B, f. 1—13. Was sich bisher nicht mit völliger Gewissheit constatieren liess, ob der in Paris aufbewahrte Band mit dem einst im päpstlichen Archiv stehenden identisch sei (s. Delisle in der Bibliothèque de l'école des chartes t. 38 p. 103, wo der Inhalt des Bandes dargelegt ist), wird nun für immer gewiss, denn die oben gegebenen Schlagwörter stimmen durchaus zum zweiten und vorletzten fol. in Paris. Dadurch wird auch Delisles scharfsinnige Vermuthung bestätigt, dass dieser Registerband niemals vollendet wurde, denn schon im J. 1339 befand sich derselbe in dem heutigen Zustande. Er ist nur in dem Sinne ein 'Fragment' zu nennen, als die Arbeit vom Schreiber nicht vollendet wurde, nicht aber, als wäre diese unvollständig auf uns gekommen. Dieser Registerband wurde nie rubriciert. Fol. 1 sieht man am obern Rande die Vorschrift: Incipit Regestrum domini Alexandri pape iiij^{ti} pontificatus sui anno septimo, mit 46 Briefen. Der Band befand sich im Besitze des Card. Mazarin. — Löwenfeld hätte sich in seiner Übersetzung von Munchs Aufschlüsse über das päpstliche Archiv S. 67 den Schluss der Anm. 2 ersparen können. Die von Delisle angegebene Signatur 4038 B bezieht sich auf den genannten Regestenband Alexanders IV., die von Munch citierte 4039 weist seiner eigenen Aussage nach auf das 6. Jahr Innocenz' IV. hin. Zwischen beiden Angaben besteht also kein Widerspruch. Ein Übersetzer Munchs hätte dies sehen dürfen. Hatte Löwenfeld nicht Gelegenheit damals beide Bände in Paris einzusehen, so würde nur ein Blick in den Catalogus cod. mss. bibl. regiae Paris. ihn aufgeklärt haben.

2) Diese Nummer ist nicht im Vat. Archiv.

3) Auch dieser sowie der nächstfolgende Quatern fehlt im Vat. Archiv. S. aber dazu oben S. 22.

Item unus quaternulus sine copertura, qui incipit in Rubrica: Incipiunt constitutiones Alexandri pape iiij.

Secuntur Registra domini Urbani pape iiij.

Et primo unum volumen primi et secundi anni copertum de postibus, licet una postis sit fracta, quod incipit post Rubricas in secundo folio *dilectionis*, et finit *facultates*, et in penultimo incipit (con)*suetudine*, et finit in rubro *Virdunen* [1]).
Item aliud volumen dicti domini pape iij. anni copertum de postibus, quod incipit in secundo folio (do)*mui* et finit *tertio*, et in penultimo incipit *nomen*, et finit *tibi* [2]).
Item aliud volumen dicti domini pape predicti tertii anni et una carta cum media iiij^{ti} anni copertum de postibus, quod incipit in secundo folio in nigro *rationis*, et finit *ecclesie*, et in penultimo incipit in nigro *fili*, et finit *supra* [3]).

[1] Völlig übereinstimmend mit n. 26. Fol. 1 (nach den alten Rubriken) beginnt: Incipit regestum anni primi domini Urbani pape quarti. Zum ersten Male erscheint die Überschrift nicht vollends in rubro, sondern die Buchstaben, in Uncialschrift, sind abwechselnd blau und roth. 136 Briefe. Fol. 48 (fol. 1 der älteren Foliierung) beginnt mit der eben erwähnten Schrift: Incipit regestum anni II. domini Urbani pape quarti. Bis fol. 129 (82) mit 259 Briefen. Voraus geht ein neuerer Index.

[2] Das hier erwähnte Pontificatsjahr fällt n. 29; der Band enthält nicht weniger denn 342 fol. Die Schlagwörter stimmen mit jenen auf fol. 2 und 341 überein. Der Band beginnt in rubro: Regestum dūi Urbani pape iiij. de litteris beneficiorum et aliarum gratiarum concessarum anno tertio pontificatus eius. Die alte Numerierung der epp. ist nicht fortlaufend; bis fol. 75bis: 180 Briefe; f. 76 — fol. 227:1060; bis fol. 276:203, dann hört sie auf und wird von neuerer Hand fortgesetzt: fol. 276—339 epp. 204—597. Bl. 340 beginnt in rubro: Regestum dūi Urbani pape iiij. de litteris beneficiorum et aliarum gratiarum, anno quarto pontificatus eiusdem, mit 23 Briefen. Der Band enthält einen neuern Index, und ebenso der nächstfolgende.

[3] Diese Beschreibung stimmt völlig zu n. 28. Fol. 1 beginnt mit der Schrift von n. 26: Incipit regestum anni tertii domini Urbani pape quarti. Bis fol. 79 317 Briefe. Fol. 80 beginnt in rubro: Incipit regestum litterarum curialium dūi Urbani pape quarti anni tertii bis fol. 124 mit 168 epp. Fol. 125 in rubro: Incipiunt littere de beneficiis bis fol. 134 mit 60 Briefen. Fol. 137 beginnt in rubro: Incipit regestum anni quarti dūi Urbani pape quarti, mit

Item fuit repositum in dicto fardello unum volumen copertum de carta pecudis veteri intitulatum exterius: **Volumen de diversis formis nunciorum et incipit Venerabilibus fratribus** etc.¹)

Item unus liber parvus et antiquus qui incipit: **Urbanus episcopus servus servorum dei**²) etc.

Secuntur Registra domini Clementis pape iiij.
que fuerunt abstracta de dicto cofano et posita in dicto fardello.

Et primo unum volumen dicti domini Clementis primi et secundi annorum copertum de postibus, quod incipit post Rubricas in secundo folio *sub pena*, et finit *deside*(ramus) et in penultimo incipit *huius*, et finit *omnibus*³).

---

5 epp. Fol. 138: Incipit regestum litterarum curialium anni quarti dñi Urbani pape quarti, ebenfalls mit 5 Briefen. Das vierte Jahr füllt in der That, wie oben angegeben, nur 1¼ fol. (137—138a).

1) Es ist dies der Originalband des Cameralregisters etc. n. 27. Auf fol. 1 trägt er die Überschrift: Forma nunciorum und beginnt: Venerabilibus fratribus. Er enthält 149 fol. mit c. 513 epp. Vgl. dazu oben im Excurse S. 53.

2) Er fehlt im Vat. Archiv. S. dazu jedoch oben S. 53.

3) Die vier Jahrgänge welche oben beschrieben werden, stimmen vollends mit denen im Vat. Archiv überein, nur sind sie jetzt in dem einen Band n. 32 vereinigt. Der erste beginnt nach dem alten Index fol. 1 in Uncialschrift, die Buchstaben abwechselnd mit rother und blauer Farbe: Incipit regestum anni primi domini Clementis pape quarti, bis fol. 55 mit 214 Briefen; f. 59 die Überschrift in rubro: Incipit regestum litterarum curialium dñi Clementis pape quarti, mit 28 Briefen; es sollten dem alten Register zufolge 29 sein. Allein es fehlt (wahrscheinlich nur) ein Blatt; auch der 28. ist defect. Am untern Rande von fol. 66b steht: Regestum istud fuit ablatum de camera domini Bonifacii pape VIII. tempore captionis sue et restitutum domino B. Roiardi cum diminutione ista. Fol. 67 mit der Schrift des ann. 1: Incipit regestum anni secundi domini Clementis pape quarti, bis fol. 113 mit 167 Briefen. Fol. 116 nach dem alten Index: Incipiunt littere curiales anni secundi domini Clementis pape quarti, bis fol. 123 mit 21 epp. Nebenbei bemerke ich gegen Kaltenbrunners Behauptung, dass keineswegs 'sicher' mit fol. 116 eine neue Lage beginnt, welche mit fol. 123 endet, sondern die Lage beginnt mit fol. 115 und endet mit dem leeren Blatte fol. 124. Der Codex ist ja nicht so stramm gebunden, dass man dies nicht beobachten könnte.

Item aliud volumen eiusdem domini pape iij. et iiij. annorum copertum de postibus, quod incipit post Rubricas in secundo folio *ingresso*, et finit *parte*, et in penultimo incipit *Regnum*, et finit *ecclesie* [1]).

Item quidam alius liber copertus de carta pecudis veteri aliqualiter obolitus in principio, et est intitulatus exterius R. Clementis et incipit intus *Sua* [2]).

Secuntur Registra domini Gregorii pape ix.

Et primo unum volumen primi et secundi annorum ac tertii dicti domini Gregorii pape copertum de carta pecudis vetere, quod incipit post Rubricas in secundo folio *venientem*, et finit *in*, et in penultimo incipit *hor.*, et finit *requisitionem* [3]).

---

[1]) Nach den alten Capitula fol. 133 mit der Schrift wie in den zwei früheren Jahrgängen: Incipit regestum anni tertii domini Clementis pape quarti, bis fol. 195 mit 153 Briefen; fol. 197 finden sich die Capitula litterarum curialium, darauf fol. 199: Incipit regestum litterarum curialium anni tertii domini Clementis pape quarti, mit der eben erwähnten Schrift. Es folgen 18 Briefe (bis fol. 208). Fol. 215 nach dem alten Index: Incipit regestum anni quarti domini Clementis pape quarti. Die Unicalbuchstaben sind abwechselnd roth, schwarz. Bis fol. 243 sind 85 Briefe. Mit derselben Schrift fol. 245 die Capitula und fol. 246: Incipit regestum litterarum curialium anni quarti d̄ī Clementis pape quarti. Bis fol. 258 mit 17 epp.

[2]) Hiemit ist das Cameralregister mit der Signatur 31 bezeichnet. Allerdings liest man von aussen nicht mehr Registrum Clementis. Beginnt: Sua nobis etc. Bis fol. 32 sind 87 Briefe. Fol. 33 hat die Aufschrift in rubro: Incipit Regestrum domini Clementis pape iiij litterarum curialium anni quarti, bis fol. 37 mit 17 Stücken, darunter zwei Briefe Karls von Anjou. — Im Inventar der Bibliothek Benedicts XIII. zu Peniscola (Cod. Paris. 5156 A) liest man Bl. 122 b zudem noch: Item epistole Clementis iiij. et quidam tractatus de iurisdictione ecclesie super regno Apulie.

[3]) Auch jetzt sind die drei ersten Jahrgänge in einem Bande (n. 14) beisammen. Sie sind identisch mit den oben beschriebenen. Der erste beginnt nach den alten Rubriken oder Capitula fol. 1 in rubro: In nomine dn̄ī Amen. Incipit' liber regestrorum primi anni dn̄ī Gregorii pape viiij. bis fol. 58 mit 181 Briefen. Der letzte defect. Der zweite beginnt nach den alten Rubriken fol. 63 in rubro: Incipit liber regestorum donni (sic!) Gregorii pape viiij. anno eius secundo, fol. 63—104 mit 100 epp. Fol. 109 beginnt nach den alten Rubriken der dritte Jahrg.

Item aliud volumen iiij. et v. annorum copertum de consimili carta, quod incipit in secundo folio *dilectos*, et finit *appellationem*, et in penultimo folio incipit (constitu)*tos* et finit *inter* [1]).

Item aliud volumen eiusdem domini pape vj. anni copertum de consimili carta, quod post Rubricas incipit in secundo folio *Rectoribus*, et finit *cor*(dibus) et in penultimo incipit *sancto*, et finit *ego* [2]).

Item aliud volumen dicti domini pape vij. anni copertum de consimili carta, quod post Rubricas seu Capitula incipit in secundo folio *eosdem*, et finit *pre*(sentium), et in penultimo incipit *seu*, et finit *in ecclesiis* [3]).

Item aliud volumen dicti domini pape anni viij. copertum de consimili carta, quod post Rubricas seu Capitula incipit in secundo folio *quas*, et finit *Prioratus*, et in penultimo incipit *litteras*, et finit *certitudinem* [4]).

Item aliud volumen eiusdem domini pape ix. anni copertum de consimili carta, quod post Rubricas seu Capitula incipit in secundo folio *et prior*, et finit *condam*, et in penultimo incipit *presentibus*, et finit *conti*(nentibus [5]).

---

mit der Überschrift in rubro: Incipit liber regestorum donni Gregorii pape viiij. anni tertii, bis fol. 158 mit 123 Briefen. Fol. 161 beginnt die Forma pacis inter ecclesiam romanam et Imperatorem.

1) Wie einst so sind auch jetzt diese zwei Jahrgänge vereinigt (n. 15). Der vierte beginnt in rubro fol. 1: Incipit liber regestorum dompni Gregorii pape viiij. anno eius quarto, bis fol. 64 mit 142 epp. Der fünfte beginnt fol. 65: Incipit liber regestorum dompni Gregorii pape viiij. anno eius quinto, bis fol. 159 mit 197 Briefen.

2) Dieser Jahrgang fällt den Bd. 16. Oben ist das erste Schlagwort des 2. fol. irrig angegeben. Es heisst nicht *rectoribus* sondern (procu)*ratoribus*. Fol. 1 nach den alten capitula in rubro: Incipit liber regestorum sexti anni donni Gregorii pape viiij., bis fol. 109 mit 384 epp.

3) Der 7. Jahrgang ist nun mit dem 8. in einem Band (n. 17) verbunden. Der erstere beginnt nach dem alten Index fol. 1: Incipit regestum septimi anni dñi Gregorii pape viiij., bis fol. 156 mit 579 Briefen.

4) S. vor. Anm. Der Jahrgang beginnt in rubro fol. 169 nach dem alten Register: Incipit regestum octavi anni dñi Gregorii pape viiij. bis fol. 261 mit 482 epp.

5) Die drei Jahrgänge 9—11, von denen damals jeder separat für sich existierte, sind nunmehr in den Band 18 vereinigt. Der 9. beginnt fol. 9

Item aliud volumen dicti domini pape anni x. copertum de consimili carta, quod incipit post Rubricas *et*, et finit *da*(mus), et in penultimo incipit post rubrum *sanctissimo*, et finit *controversia* ¹).

Item aliud volumen predicti domini pape xj. anni copertum de consimili carta, quod post Rubricas incipit in secundo folio *pontificatus*, et finit *Conventus*, et in penultimo incipit *cum*, et finit *per* ²).

Item aliud volumen antedicti domini pape xij. et xiij. annorum copertum de consimili carta, quod post Rubricas incipit in secundo folio (rece)*perunt*, et finit *Pontificatus*, et in penultimo incipit *generare*, et finit *occupare* ³).

Item aliud dicti domini pape xiiij. et xv. annorum copertum in eodem modo, quod post Rubricas incipit in secundo folio (propo)*siti*, et finit *intentio*(nis), et in penultimo incipit *sed*, et finit *retri*(butionis) ⁴).

Item fuit repositum in dicto fardello unum parvum volumen

---

nach den alten Rubriken in rubro: Incipit regestum noni anni dni Gregorii pape viiij., bis fol. 118 mit 429 epp. Fol. 121—126 folgen 24 Stücke, welche sich auf pax inter ecclesiam et Romanos beziehen.

1) S. vor. Anm. Der Jahrgang beginnt fol. 135 nach dem alten Index in rubro: Incipit regestum decimi anni dñi Gregorii pape noni, bis fol. 237 mit 398 Briefen. Von fol. 239—254 finden sich Briefe früherer Päpste, welche auf Papyrus geschrieben waren, die nun Gregor IX. in 11 Schreiben vidimierte. Fol. 255—256a 6 Schreiben Verschiedener.

2) S. 84 Anm. 5. Beginnt nach den alten Capitula fol. 271 in rubro: Incipit regestum dñi Gregorii pape noni anni undecimi, bis fol. 372 mit 480 Briefen.

3) Beide Jahrgänge sind vereinigt in n. 19. Oben lief ein Versehen unter. Auf fol. 2 ist das letzte Wort *duodecimo*, während *Pontificatus* nur die letzte volle Zeile abschliesst. Der 12. Jahrgang beginnt auf fol. 1 nach dem alten Register in rubro: Incipit regestum dñi Gregorii pape noni anni duodecimi, bis fol. 72⁴ mit 414 Briefen. Von fol. 73—91 beziehen sich alle (34) Acten auf die Angelegenheiten Raymunds von Toulouse. — Der 13. Jahrgang beginnt auf fol. 99 nach den alten Rubriken in rubro: Incipit regestum xiij. anni dñi Gregorii pape noni. Bis fol. 153 stehen 256 epp.

4) Band n. 20 vereinigt auch jetzt beide Jahrgänge. Der 14. beginnt nach den alten Capitula fol. 1 in rubro: Incipit regestum dñi Gregorii pape noni anni quarti decimi. Bis fol. 59 mit 309 Briefen. Der 15. hat fol. 63 nach den alten Rubriken die Überschrift in rubro: Incipit regestum dñi Gregorii pape noni anni xv. Bis fol. 91 mit 112 epp.

copertum de carta pecudis veteri, quod exterius est intitulatum in principio Rubrice ut sequitur: **tempore bone memorie domini Gregorii pape ix**[1])

Secuntur Registra domini Gregorii pape x.

Et primo unum volumen dicti domini Gregorii pape x. primi et secundi annorum copertum de carta pecudis veteri, quod incipit in secundo folio *qui*, et finit *nobis*, et in penultimo incipit *novitas*, et finit *eo*[2]).

Item aliud volumen ejusdem domini pape annorum tertii et quarti copertum de consimili carta: quod incipit in secundo folio (abnu)*ere*, et finit *oneri*, et in ultimo folio in secunda pagina incipit *Gregorius*, et finit *quarto*[3]).

---

[1]) Fehlt im Vat. Archiv.

[2]) Nunmehr sind alle vier Jahrgänge in dem einen Band n. 37 enthalten. Es bedarf hier aber einiger Bemerkungen. Das erste und zweite Jahr, wie sie uns oben beschrieben werden, reichen bis fol. 114. Fol. 113 finden sich die beiden letzten Schlagwörter. Fol. 115 beginnt in rubro: **In nomine patris et filii et spiritus sancti amen. Registrum domini Gregorii pape decimi**, reicht bis fol. 124 mit 28 Briefen aus dem ersten Jahre. Dieses interessante Stück wird oben nicht verzeichnet. Wahrscheinlich war es unter den unten S. 94 verzeichneten 'petie seu quaterni'. Das dritte Jahr beginnt fol. 129; fol. 130 stehen die beiden ersten Schlagwörter. Den Schluss des vierten Jahrganges (fol. 247) müssen einst noch ein oder mehrere Blätter gebildet haben, denn die beiden letzten oben verzeichneten Schlagwörter *Gregorius* und *quarto* finden sich nicht auf der zweiten Seite des fol. 247, und stimmen auch zu keinem Blatte des 4. Jahrganges. — Der erste Jahrgang beginnt fol. 1 in der Schrift wie bei n. 32 fol. 1: **Incipit regestum anni primi domini Gregorii pape decimi**, bis fol. 44 mit 156 epp. Fol. 51 nach den alten Capitula mit derselben Schrift: **Incipit regestum litterarum curialium anni primi dñi Gregorii pape decimi**, bis fol. 74 mit 65 Briefen. Fol. 79 beginnt mit der nämlichen Schrift nach den alten Rubriken: **Incipit regestum anni secundi dñi Gregorii pape decimi**, bis fol. 98 mit 83 epp. Fol. 101 nach den Rubriken: **Incipit regestum litterarum curialium anni secundi dñi Gregorii pape decimi**, bis fol. 114 mit 38 epp.

[3]) Zum dritten Jahrgang, der 129 beginnt, fehlt die Überschrift, bis fol. 173 mit 101 Briefen. Fol. 179 fangen an die littere curiales (ebenfalls ohne Überschrift in rubro) bis fol. 209 mit 103 Stücken. Fol. 221 beginnt mit der Überschrift, wie n. 32 fol. 225 nach dem alten Index: **Incip t**

Item quidam quaternulus in cartis de bombicino continens Rubricas domini Gregorii pape x. annorum tertii et quarti[1]).

Item fuit repositum in dicto fardello unum volumen copertum de corio nigro veteri, quod incipit in prima carta ante rubricam de rubeo: hic est liber sancte Marie nove etc.[2]).

Item aliud volumen copertum de postibus cum corio albo intitulatum in principio libri de rubeo: liber fratrum Cassinensium etc.[3]).

---

regestum anni quarti domini Gregorii pape decimi, bis fol. 240 mit 60 epp. Fol. 241 in derselben Schrift nach den alten Capitula: Incipit regestum litterarum curialium anni quarti domini Gregorii pape decimi, bis fol. 247 mit 17 Briefen.

1) Fehlt im Archiv.
2) Fehlt im Archiv. Die Beschreibung stimmt nicht zu n. 2 der Registerbände, d. i. zum Registrum Gregorii VII. Ich will kein besonderes Gewicht darauf legen, dass man in unserm Bande vor dem Rubrum nicht mehr die Worte sieht: Hic est liber etc., denn sie könnten ja weggeschnitten sein; allein die Beschreibung, welche das Inventar vom J. 1369 von demselben Bande gibt, passt nicht wohl auf das Register Gregors VII. Es heisst dort nach Erwähnung des liber fr. Casinensium, d. i. des Registers Johannes VIII.: Item alius liber de pergameno et de mala litera et illegibili, coopertus corio sine postibus intitulatus in primo folio: hic est liber sancte Marie nove. Gregors VII. Registerband ist keineswegs: 'de mala litera et illegibili'. Doch ist die Möglichkeit nicht ausgeschlossen, dass hier der Registerband Gregors VII. notiert werde. S. dazu oben S. 23, Anm. 1.
3) Dieser Band ist identisch mit dem Registerbande Johann VIII. (n. 1), welcher fol. 1 die Überschrift (aus 13. Jh.) trägt: Liber fratrum Casinensium, assignatus per Berardum can. basilice principis Apostolorum domino pape. Er beginnt: Johannes episcopus Bosoni illustrissimo comiti. Den Inhalt konnte, wie es scheint, der Schreiber des Inventars wegen der longobardischen Schrift nicht enträthseln. Im Cod. Paris. 4118 fol. 1—3 findet sich ein Bruchstück der Rubrice epistolarum Johannis VIII. auf Papier (aus 14. Jh.). Sie sind nach verschiedenen Gesichtspunkten geordnet. De saracenis et infidelibus (ep. VI dom. papa conqueritur episcopo Neapolitano de duce Neapolitanorum . . .), De concilio convocando, De commendationibus. Die Briefnummern stimmen zu jenen des Registerbandes. — Im Inventar vom J. 1369 wird jener Band wie hier beschrieben: Item quidam liber de pergameno coopertus corio albo, intitulatus in primo folio: lib. fratrum Cassinens. assignatus per Berardum canonicum basilice principis apostolorum dom. nostro pape. Ueber den Registerband s. Levi im Archivio della società Romana di storia patria IV, 161 sqq. Ewald im Neuen Archiv VI, 647 und V, 319.

Secuntur Registra domini **Nicolay** pape iij.
abstracta de cofano signato per xxxviij. et recondita in
fardello signato per xxxviij.

Et primo quoddam volumen dicti domini Nicolay pape iij.
anni primi copertum de carta pecudis vetere, quod incipit in
secundo folio *nostre*, et finit *hor.*, et in penultimo incipit *pro*,
et finit *desideriis* ¹).

Item aliud volumen etiam de primo anno dicti domini pape
copertum de simili carta, quod post Rubricas incipit in secundo
folio *possent* et finit *predicti*, et in penultimo incipit (consi)*deravimus*, et finit *facultatibus* ²).

Item aliud volumen dicti domini pape anni secundi copertum

---

1) Die oben an erster, dritter und vierter Stelle aufgeführten drei Jahrgänge füllen jetzt den Band n. 39. Der erste besitzt auf fol. 1 die Überschrift (wie n. 32 fol. 1): Incipit regestrum primi anni dñi Nicolai pape III. Reicht bis fol. 60 mit 210 und 5 epp. Fol. 63 hat mit derselben Schrift den Titel: Incipit regestrum licterarum curie primi anni dñi Nicolai pape III., bis fol. 111 mit 170 Briefen. Der zweite Jahrgang beginnt f. 114 mit der Überschrift (wie früher): Incipit regestrum litterarum secundi anni dñi Nicolai pape III., bis fol. 209 mit 191 epp. Fol. 214 (nach den Rubriken) beginnt mit der Schrift wie früher: Incipit regestrum litterarum curie secundi anni domini Nicolai pape III, bis fol. 223 mit 13 Briefen. Fol. 228 beginnt (nach vorhergegangenen Rubriken) mit der mehr erwähnten Schrift: Incipit regestrum litterarum tertii anni dñi Nicolai pape III., bis fol. 262 mit 60 Briefen. Fol. 272 (Rubriken vorher) mit derselben Schrift: Incipit registrum litterarum curie tercii anni domini Nicolai pape III., bis fol. 276 mit 7 epp.

2) Dieser Band ist identisch mit n. 40, nur hat sich oben der Registrator geirrt. Die beiden letzten Schlagwörter stehen nicht am vorletzten, sondern am drittletzten (fol. 180) Blatte. Fol. 1 (nach der tabula litt.) beginnt in Kanzleischrift: In nomine domini amen. Incipit registrum litterarum dñi Nicolai pape III. Inceptum anno domini Mcclxxviij pontificatus sui anno primo. Bis fol. 51 mit 53 Briefen. Fol. 51b mit derselben Schrift: In nomine domini amen. Anno domini millesimo cclxxix. pontificatus dñi Nicolai pape III. anno, am nächsten Blatte secundo. Bis fol. 85 mit 57 epp. Fol. 86b: In nomine domini amen. Anno domini millesimo cclxxx pontificatus dñi Nicolai pape III. anno (nächstes Blatt) tertio. Bis fol. 182a mit 71 Briefen. Vom 72. steht nur Nicolaus etc.

de consimili carta, quod incipit in secundo folio *ecclesie*, et finit *dudum*, et in penultimo incipit *coram*, et finit *presenti*.

Item aliud volumen ciusdem domini pape anni tertii copertum de consimili carta, quod incipit post Rubricas in secundo folio *propter*, et finit *alias*, et in penultimo incipit *preces*, et finit *litteras*.

Item fuit repositus in dicto fardello unus quaternus scriptus et copertus in cartis de pecude, rubricatus exterius: R. super senatoria Urbis¹).

Registra domini Nicolay pape iiij.

Et primo unum volumen dicti domini Nicolay pape iiij. anni primi copertum de carta veteri pecudis, quod incipit in secundo folio *mandato*, et finit *ipsis*, et in penultimo incipit *expedire*, et finit *Thome*²).

Item aliud volumen dicti domini pape anni secundi copertum de consimili carta, quod incipit in secundo folio *sancti*, et finit *secundo*, et in penultimo incipit *consideratione*, et finit *vitale*³).

Item aliud volumen ciusdem domini pape tertii anni copertum de consimili carta, quod incipit in secundo folio post Rubricas *exposita* et finit *quare*, et in penultimo incipit *ad*, et finit *aciem*⁴).

---

1) Fehlt im Archiv. Unter den Introitus et Exitus ist uns zwar in n. 1 Nicolai III. Honorii IV. Introitus et exitus etc. erhalten; allein dieser Band hat nichts mit dem oben verzeichneten zu thun. Es ist auch zweifelhaft, ob derselbe sich auf das Pontificat Nicolaus' bezog.

2) Die beiden ersten Pontificatsjahre sind nun verbunden in den Band n. 44. Das erste beginnt fol. 1 (mit der Schrift von n. 32 fol. 1): Incipit regestrum litterarum primi anni domini Nicolai pape IIII., bis fol. 83 mit 360 Briefen. Dann folgt (nach den alten Capitula) fol. 85 mit derselben Schrift: Incipit Regestrum litterarum curie primi anni domini Nicolai pape IIII., bis fol. 105 mit 81 epp. Der zweite Jahrgang beginnt fol. 107 mit gleicher Schrift: Incipit regestum litterarum secundi anni dñi Nicolai pape IIII., bis fol. 299 mit 874 Briefen. Nach den alten Rubriken fol. 303: Incipit regestum litterarum curie secundi anni dni Nicolai pape IIII., bis fol. 321 mit 77 Briefen.

3) Das letzte Schlagwort ist irrig angegeben. Es heisst im Bande *incole*.

4) Dieser Band ist auch jetzt für sich in n. 45, und beginnt nach den alten Capitula fol. 1 mit der Schrift wie in den früheren Jahrgängen: In-

Item aliud volumen predicti domini pape annorum iiij. et v. copertum de consimili carta quod incipit in secundo folio *debitum*, et finit *anno quarto*, et in ultimo incipit in nigro *oblata*, et finit *V.* (quinto)¹).

Item fuit repositus quidam liber parvus dicti domini Nicolay pape copertus de simili carta, intitulatus exterius ut sequitur: littere que transiverunt per cameram tempore domini Nicolay pape iiij.²).

Registra domini pape Honorii iij.

Et primo unum volumen dicti domini pape Honorii primi et secundi annorum copertum de carta pecudis et bombicine incollatis veteribus, quod incipit in secundo folio *per*, et finit *ertiteris*, et in penultimo incipit *dilectis*, et finit *presentia*³).

Item aliud volumen dicti domini pape tertii et quarti annorum copertum de consimili carta, quod incipit in secundo folio

cipit regestum litterarum tertii anni dñi Nicolai pape IIII., bis fol. 155 mit 755 Briefen. Fol. 158 mit derselben Schrift: Incipit registrum litterarum curie tertii anni dūi Nicolai pape IIII., bis fol. 178 mit 124 Briefen.

1) Auch jetzt sind diese beiden Jahrgänge vereinigt (n. 46). Der vierte beginnt fol. 1 mit der mehr erwähnten Schrift: Incipit regestrum litterarum quarti anni dñi Nicolai pape IIII., bis fol. 153 mit 773 epp. Fol. 157 in rubro: Incipit regestum litterarum curie dūi Nicolai pape iiij⁽ᵗⁱ⁾ de anno quarto, bis fol. 185 mit 91 Briefen. Der fünfte Jahrgang beginnt nach den alten Capitula fol. 187 in rubro: Incipit regestum litterarum dñi Nicolai pape quarti de anno quinto, bis fol. 198 mit 36 epp. Auf Blatt 199 stehen die curiales. Überschrift in rubro: Incipit regestum litterarum curie domini Nicolai pape quarti anni quinti, mit 4 Briefen.

2) Oben erwähntes Cameralregister steht nun in der Nation. Bibl. zu Paris, n. 4047. S. oben S. 19, wo auch über das sich anschliessende Bruchstück des Registers Cölestins V. die Rede ist.

3) Band n. 9 bietet die genannten beiden Jahrgänge. Der erste beginnt fol. 1 in rubro: Incipit primus liber Regestorum donni Honorii pape iij., bis fol. 131 mit 532 epp. Der zweite beginnt fol. 137 in rubro: Incipit liber Regestorum dñi Honorii pape iij. anni ij (die Vorschreibung am Rande: Incipit liber ij. Regestorum doñi Honorii pape iij.), bis fol. 287 mit 773 epp. — fortlaufende Nummer 1304 resp. 1305.

seu, et finit *dio*(cesani) et in penultimo folio incipit *ne rerum*, et finit *que* ¹).

Item aliud volumen eiusdem domini pape v. et vj. annorum copertum de consimili copertura, quod incipit in Rubro in secundo folio *incipit liber*, et finit *marcharum*, et in penultimo incipit (ele)*mosinas*, et finit *sexto* ²).

Item aliud volumen predicti domini pape vij. et viij. annorum copertum de corio rubeo antiquo, quod incipit in secundo folio *ad*, et finit *pacifica*, et in penultimo incipit *cum*, et finit *Roberti con*(cessione) ³).

Item aliud volumen eiusdem domini pape ix. anni copertum de carta pecudis veteri, quod incipit in secundo folio *ante*, et finit *proditionem*, et in penultimo incipit (casa)*le*, et finit *mutuo* ⁴).

1) Beide Jahrgänge bietet n. 10. Nach dem neuen Register beginnt fol. 1 der dritte Jahrgang in rubro: Incipit liber tertius Regestorum donni Honorii pape tertii, bis fol. 119 mit 535 Briefen. Der vierte Jahrgang beginnt fol. 120 in rubro: Incipit liber quartus Regestorum Honorii pape iij., bis fol. 213 mit 315 (in fortlaufender Numerierung 850) Briefen.

2) Diese beiden Jahrgänge füllen den Band n. 11. Den fünften Jahrgang eröffnen zwei Blätter, welche einst zum ersten Quaternio gehörten, die aber wegen der nothwendig gewordenen Verbesserungen noch einmal abgeschrieben werden mussten. Trotzdem liess man die beiden Blätter, die nun zu nichts mehr dienten, stehen; die oben verzeichneten ersten Schlagwörter finden sich eben auf fol. 2, mit dem einst der erste Quaternio anfieng. Auf diese beiden Blätter folgen die neueren Rubriken, dann beginnt der 5. Jahrgang in rubro: Incipit liber quintus Regestorum Honorii pape tertii, bis fol. 154 mit 766 epp. (alter Zählung). Fol. 155 in rubro: Incipit sextus liber Regestorum dñi Honorii pape iij. bis fol. 264 mit 486 epp.

3) Beide Jahrgänge repräsentiert der Band n. 12. Der siebente beginnt fol. 1 in rubro: Incipit liber septimus Regestorum donni Honorii pape iij., bis fol. 77 mit 230 epp. Der achte fängt fol. 81 an: Incipit liber Regestorum donni Honorii pape iij. anno eius octavo, bis fol. 211 mit 534 Briefen.

4) Die Jahrgänge 9—11 sind jetzt in dem einen Bande n. 13 vereinigt. Der neunte beginnt fol. 1 in rubro: Incipit liber Regestorum domni Honorii pape iij anno eius nono, bis fol. 70 mit 387 Briefen. Der 10. beginnt fol. 74 (der neuen Foliierung, fol. 1 der alten) ohne Überschrift, bis fol. 144 resp. 71 mit 355 epp. Der elfte beginnt fol. 146 resp. 73 bis fol. 174 resp. 101 mit 226, 581 der fortlaufenden Numerierung.

Item aliud volumen predicti domini pape x. et xj. annorum copertum de consimili carta, quod incipit in secundo folio (susti)neat, et finit *quinquaginta*, et in penultimo incipit *eorum*, et finit *majo*(ri).

Item fuit repositus quidam liber parvulus copertus de consimili carta rubricatus exterius ut sequitur: Registrum de quibusdam processibus factis in Lombardia tempore domini Honorii pape per legatum qui tunc erat in Lombardia¹).

Registra domini Honorii pape iiij.

Et primo quoddam volumen dicti domini Honorii primi anni copertum de carta pecudis veteri, quod incipit in secundo folio *in*, et finit *benedictionem*, et in penultimo incipit *dudum*, et finit *supra*²).

Item aliud volumen predicti domini pape anni secundi copertum de consimili carta, quod incipit in secundo folio *quam*, et finit *t.*, et in penultimo incipit *quam*, et finit *benigne*.

Item fuit repositus in dicto fardello unus liber parvus copertus de consimili carta intitulatus exterius ut sequitur: Littere que transiverunt per cameram tempore domini Honorii pape iiij. et vacationis etc.³).

Registrum domini Martini pape iiij.

Et primo unum volumen dicti domini Martini pape iiij. primi et secundi annorum copertum de carta pecudis veteri, quod

---

1) Nunmehr Cod. Paris. 5152 A. S. oben S. 20.

2) Die beiden Jahre stehen nun im Bande n. 43. Das erste beginnt fol. 1 mit der Schrift von n. 26 fol. 1: Incipit Registrum literarum primi anni dñi Honorii pape IIII., bis fol. 118 mit 463 epp. Nach den Rubriken folgt fol. 121 mit derselben Schrift: Incipit Regestrum litterarum curie primi anni dñi Honorii pape IIII., bis fol. 130 mit 89 Briefen. Fol. 133 mit der nämlichen Schrift: Incipit Regestrum litterarum secundi anni dñi Honorii pape IIII., bis fol. 201 mit 270 Briefen. Nach den alten Capitula fol. 203 mit derselben Schrift: Incipit Registrum litterarum curie secundi anni dñi Honorii pape IIII., bis fol. 210 mit 47 epp.

3) Wahrscheinlich ist uns in dem halben Quaternio, welcher im Cod. Paris. 4038 B fol. 235—238 sich findet (s. oben S. 18), ein Bruchstück des oben beschriebenen liber erhalten. Allerdings muss man dann annehmen, dass der Band nicht durchaus cameralistischen Inhalts war.

post Rubricas incipit in secundo folio *vobis*, et finit *primo*, et in penultimo incipit *Karoli*, et finit *seu* ¹).

Item aliud volumen eiusdem domini pape iij. et iiij. annorum copertum de consimili carta, quod incipit in secundo folio *huius*, et finit *tertio* et in penultimo incipit *vel*, et finit *ossi*.

Item fuit repositus in dicto fardello unus liber parvulus copertus de consimili carta continens quaternos plures diversi voluminis et incipit in secundo folio *Martinus*, finit *no*(bilis), in penultimo incipit ((aroli) et finit *quarto* ²).

Registra domini Johannis pape xxj.

Et primo unum volumen copertum de postibus dicti domini Johannis pape xxj., quod incipit in secundo folio *subesse*, et finit *scriptis*, et in penultimo incipit *Rege*, et finit *contingat* ³).

Domini Bonifatii.

Item fuit repositus in dicto fardello quidam liber parvulus,

---

1) Die vier Jahrgänge finden sich jetzt im Bande n. 41. Der 1. beginnt mit den alten Capitula (und so auch später) in blau und roth: Incipit regestrum litterarum primi anni domini Martini pape iiij. bis fol. 39 mit 129 Briefen. Der 2. beginnt fol. 41: Incipit regestrum litterarum ij. anni domini Martini pape iiij. bis fol. 85 mit 135 Schreiben. Fol. 91 nach den Capitula mit derselben Schrift: Incipit regestrum litterarum curie ij. anni domini Martini pape iiij., bis fol. 118 mit 82 epp. Der 3. fol. 121: Incipit regestrum dñi Martini pape quarti de anno tertio, bis fol. 157 mit 139 Briefen. Fol. 159: Incipit regestrum litterarum curie dñi Martini pape quarti de anno tertio, bis fol. 186 mit 102 Briefen. Fol. 190 folgen die Capitula regestri des vierten Jahres, das fol. 192 beginnt: Incipit regestrum litterarum domini Martini pape quarti de anno quarto, bis fol. 223 mit 77 Schreiben. Fol. 224: Incipit regestrum litterarum curie dñi Martini pape quarti de anno quarto, bis fol. 243 mit 26 Briefen.

2) Dieser Band trägt nun die Nummer 42. In der That erscheinen auch noch jetzt die Quaternionen 'diversi voluminis'. Der Band ist cameralistischen Inhalts. In Summa 687 Briefe.

3) Band n. 38 enthält den Jahrgang, auf den oben hingewiesen wird. Fol. 1 beginnt mit der Schrift von n. 26 fol. 1: Incipit Regestrum anni primi licterarum dñi pape Johannis XXI. Nachträglich wurde I theilweise ausradiert. Bis fol. 50 sind 158 Briefe. Fol. 57—60 steht der Schluss der litterae curiales (36), allein die ersten 30 fehlen. Der Registerband von fol. 165 ab ist nur eine spätere Abschrift. S. oben S. 43 f.

sine copertura a parte anteriori domini Bonifatii, qui incipit in secundo folio *rem* et finit *de*, et in penultimo folio incipit *Bonifatius*, et finit *porticu*[1]).

Diversorum summorum pontificum.

Item fuerunt repositi in eodem fardello undecim petie seu quaterni scripti in cartis de pecude et unus liber parvulus scriptus in cartis bombicine continentes diversas scripturas diversorum summorum pontificum[2]).

Item fuerunt habiti de dicto thesauro per dominum Johannem commissarium predictum vij cofri, quorum unus est signatus per xxxvj., alter per xxxvij., alter per xxxviij. rubei coloris, in quibus erant registra predicta, et isti tres cofri remanserunt vacui in dicto palatio Plebis sancti Fortunati de Montefalcone penes dictum dominum Johannem 'Rigaldi thesaurarium, dictaque registra volumina sive libri fuerunt reposita ut predicitur in fardellis antedictis.

Item duo de dictis (7) cofris de dicto thesauro per cumdem dominum Johannem commissarium habitis erant cum esmaltis, ubi erant certa privilegia imperatorum et aliorum tam cum bullis aureis, quam sigillis cereis pro majori parte bullata et sigillata[3]).

---

1) Man darf nicht glauben, dass unter diesem Liber das im Cod. Ottob. 2546 fol. 172—199 erhaltene Bonifaciusfragment zu verstehen sei, im Gegentheile findet sich derselbe im Cod. Paris. 4038 B fol. 108—129 (s. oben S. 18). Die Blätter sind hier, wie ich bereits a. a. O. bemerkt habe, in verfehlter Ordnung geheftet. Das nunmehr erste Blatt (fol. 108) war einst das vorletzte, es beginnt *Bonifacius* und schliesst *fortitu* (dinis. Im Inventar steht irrig *porticu*). Auf fol. 109 ist noch der Schluss des fol. 108 begonnenen Briefes und dann ein Schreiben, fol. 110 und 111 sind leer und deren drei letzte Seiten stark beschmutzt. Fol. 127 war einst das zweite Blatt: beginnt (hono)*rem* und schliesst *de*(ritis). Dadurch wird klar, dass fol. 126 das erste Blatt war. Incipit: Bonifatius episcopus servus serv. dei ven. fratri Nicolao Ostien. et Velletren. episcopo apostolice sedis legato ... Rex excelsus filius summi regis. Fol. 126—129 sind ein halber Quatern. Ebenso bilden 108—111; 118—121; 122—125 solche. Fol. 111, 113; 114, 115; 116, 117 sind für sich.

2) Es lässt sich nicht enträthseln, welcher liber parvulus hier gemeint sei. In Betreff der petie vgl. oben S. 86 Anm. 2.

3) Diese zwei Koffer waren mit n. XXVII und XXVIII bezeichnet, wie

Item duo de predictis (7) cofris, quorum unus erat viridis coloris, ubi erant certa instrumenta et littere imperatorum fidelitatis et alia facietia ad regnum Sicilie, qui cofrus erat signatus per numerum xxv[1]), alter vero cofrus erat rubei coloris, in quo erant alique littere regum Aragonum, Portugalie et Castelle ac Alamanie, qui cofrus erat signatus per numerum xxvj[2]).

Quiquidem quatuor cofri predicti repositi fuerunt postea per dictum dominum commissarium et reportati de dicto Palatio plebis, ubi per eum seu de eius mandato adportati fuerant, apud Assisium in camera supradicta, ubi dictus thesaurus conservatur, cum predictis privilegiis instrumentis et litteris, de quibus privilegiis instrumentis et litteris per eundem dominum commissarium seu de ejus mandato et auctoritate ac decreto transumpta sub manu publica facta fuerunt exceptis aliquibus ex ipsis, de quibus originalia fuerunt ad curiam Romanam per ipsum dominum commissarium adsportata, qui in presenti inventario inferius continentur.

Secuntur transumpta quorundam privilegiorum instrumentorum et litterarum aliarum in formam publicam redacta de mandato licentia auctoritate et decreto predicti domini delegati seu commissarii, que fuerunt adsportata ad dictam Romanam curiam in quodam fardello sive cofro longo et stricto[3]).

Primo quoddam transumptum publicum cuiusdam privilegii seu litterarum patentium Frederici Romanorum Imperatoris signatum per A. B.[4]).

Item aliud transumptum cuiusdam privilegii Frederici Regis Sicilie signatum p. B. A.[5]).

Item aliud transumptum cuiusdam procuratorii Rodulphi Romanorum Regis signatum per A. C.[6]).

Item aliud transumptum litterarum dicti Rodulphi Regis signatum per C. A.[7]).

---

aus dem von Ehrle in dieser Zsch. I, 330 und 331 publicierten Inventar vom J. 1339 hervorgeht. Dort findet man den Inhalt beider Koffer beschrieben.

1) S. das Verzeichniss vom J. 1339 ibid. S. 330 n. XXV.
2) S. ibid. n. XXVI.
3) Da von diesen Transsumpten die Signatur angegeben wird, welche an ihnen, soweit sie noch vorhanden sind, auch heute noch ersichtlich ist, so macht es keine zu grosse Schwierigkeit deren heutigen Standort zu ermitteln. Die ihnen folgenden Acten sind aber zu ungenau beschrieben.
4) Castel. S. Angelo arm. 1 caps. 10 n. 13.
5) Ibid. arm. 1 caps. 10 n. 19.   6) Ibid. arm. 1 caps. 10 n. 8.
7) Ibid. arm. 1 caps. 10 n. 20.

Item aliud transumptum quarumdam aliarum litterarum dicti Rodulphi Regis signatum per B. C.

Item aliud transumptum cuiusdam privilegii ciusdem Rodulphi signatum p. C. B.

Item aliud transumptum cuiusdam parvi Instrumenti confirmationem per fratrem Corradum factam procuratorio nomine dicti Rodulphi domino Nicolao pape iij. continentem, signatum per A. D.[1]).

Item transumptum cuiusdam privilegii Octonis Romanorum Imperatoris signatum per D. A.[2]).

Item transumptum unius privilegii et unius juramenti Octonis iiij signatum per B. D.[3])

Item transumptum quarumdam litterarum bone memorie domini Innocentii pape iiij. signatum p. D. B.[4]).

Item aliud transumptum cuiusdam privilegii Alberti quondam Romanorum Regis signatum p. A. E.[5]).

Item aliud transumptum quarumdam litterarum dicti Alberti signatum p. E. A.[6]).

Item aliud transumptum cuiusdam privilegii seu litterarum Henrici Romanorum Imperatoris signatum p. B. E.[7]).

Item aliud transumptum quarumdam litterarum Guillelmi Regis Romanorum signatum per E. B.[8]).

Item aliud transumptum quarundam patentium litterarum Ludovici Comitis Palatini signatum p. A. F.[9]).

Item aliud transumptum cuiusdam littere Octonis Marchionis Brandeburgensis signatum p. F. A.[10]).

Item aliud transumptum quarundam patentium testimonialium litterarum xiij Prelatorum et diversorum Comitum de Alamania signatum p. B. F.[11]).

Item aliud transumptum cuiusdam littere quondam Ladyslai Ungarie Regis signatum p. F. B.[12]).

Item aliud transumptum quarundam litterarum eiusdem Ladyslai Regis p. C. F.[13]).

Item aliud transumptum cuiusdam privilegii Karoli Regis Sicilie signatum p. F. C.).

---

1) Cast. S. Angelo arm. 1 caps. 10 n. 17.
2) Ibid. arm. 1 caps. 10 n. 15. 3) Ibid. arm. 1 caps. 10 n. 16.
4) Ibid. arm. 1 caps. 10 n. 7. 5) Ibid. arm. 13 caps. 2 n. 2.
6) Ibid. arm. 1 caps. 9 n. 2. 7) Ibid. arm. 1 caps. 10 n. 10.
8) Ibid. arm. 1 caps. 10 n. 18. 9) Ibid. arm. 1 caps. 8 n. 4.
10) Ibid. arm. 1 caps. 8 n. 8. 11) Ibid. arm. 1 caps. 8 n. 6.
12) Ibid. arm. 2 caps. 7 n. 8. 13) Ibid. arm. 2 caps. 7 n. 5.

Item aliud transumptum cuiusdam privilegii dicti Regis signatum p. D. F.[1]).

Item aliud transumptum cuiusdam privilegii Karoli secundi Regis Jerusalem signatum p. F. D.[2]).

Item aliud transumptum cuiusdam privilegii dicti Karoli signatum p. E. F.

Item aliud transumptum quarundam litterarum bone memorie domini Innocentii pape iiij. signatum p. F. E.[3]).

Item aliud transumptum quarundam litterarum predicti domini Innocentii pape signatum p. A. G.[4]).

Item aliud transumptum aliarum litterarum predicti domini Innocentii signatum p. G. A.[5]).

Item aliud transumptum aliarum litterarum predicti domini Innocentii signatum p. B. G.

Item aliud transumptum aliarum litterarum dicti domini Innocentii pape signatum p. G. B.

Item aliud transumptum cuiusdam rotuli scriptum in pergameno signatum p. D. G.[6]).

Item aliud transumptum quarundam litterarum Karoli secundi signatum per C. B.[7]).

Item aliud transumptum cuiusdam privilegii seu litterarum Rodulphi Romanorum Regis signatum p. G. C.

Item transumptum cuiusdam privilegii seu patentium litterarum Henrici Imperatoris scriptum litteris aureis in carta coloris violati rubei cum filis sericis coloris rubei aurea bulla bullatum signatum p. A. H.[8]).

Item aliud transumptum cuiusdam privilegii seu patentium litterarum Octonis Romanorum Imperatoris scriptum litteris aureis in carta coloris violati rubei in quo ut apparet alias fuit appensa bulla dicti Imperatoris signatum p. F. G.[9]).

Item fuit apportatus cum dictis transumptis unus liber scriptus in cartis de pecude dispuaternatus sive dislegatus, in quo continentur multa jura, privilegia, jurisdictiones Romane Ecclesie, qui secundum intitulationem fuit ordinatus per dominum Innocentium papam iiij., et sunt in eo xxxij petie sive quaterni et incipit in prima petia sive quaterno in secundo folio *tifex*, et finit *omnibus*[10]).

---

1) Ibid. arm. 2 caps. 5 n. 3.   2) Ibid. arm. 2 caps. 5 n. 10.
3) Ibid. arm. 1 caps. 10 n. 11.   4) Ibid. arm. 1 caps. 10 n. 9.
5) Ibid. arm. 1 caps. 10 n. 12. Enthält nicht mehr die alte Signatur. Auch fehlt das Siegel.
6) Ibid. arm. 1 caps. 10 n. 22.   7) Ibid. arm. 1 caps. 5 n. 10.
8) Ibid. arm. 1 caps. 10 n. 21.
9) Ibid. arm. 1 caps. 3 n. 2. Es fehlt jetzt die alte Signatur.
10) Ich mutmasse, dass damit das Original gemeint sei, von dem ein abschriftliches Fragment im Cod. Ottob. 2546 fol. 1 sqq. erhalten ist.

Postque anno, indictione et pontificatu quibus supra die videlicet xxv. dicti mensis martii presentibus ad infrascripta dictis domino Bartholo Aldevalurucii plebano, Magistro Bartholomeo Vannis de Spello notario publico Fulginat. et Spoletan. diocesis, ac me Geraldo de Carreria notario publico supradicto infrascripto, in dicto Palatio Plebis sancti Fortunati de Montefalcone antedicto per dictum dominum Johannem de Amelio comissarium antedictum facti fuerunt duo fardelli de infrascriptis rotulis, privilegiis, registris, litteris et aliis scripturis de duobus cofris viridis coloris et esmaltatis et duobus cofretis parvulinis, ac de camera dicti thesauri abstractis, quorum quidem fardellorum unus factus fuit in quadam cassa lignea, alter in quodam barrali, et uterque cum panno de lana et tela incerata copertus. Dicti vero cofri sine sarralhis et vacui fuerunt habiti de camera parvulina, que est apud Assisium juxta aliam cameram, in qua dictus thesaurus conservatur. Dicti autem cofri et cofreti fuerunt accepti ad ponendum infrascripta privilegia, instrumenta, litteras, libros, registra et scripturas alias et ad portandum eadem ad dictum Palatium Plebis sancti Fortunati, ut inibi possent commodius omnia ordinari, que incumbebant, quiquidem cofri postea apud dictam Plebem penes dictum dominum thesaurarium remanserunt. Dicti vero duo cofreti fuerunt ad curiam adportati et assignati cum rebus aliis supra et infrascriptis, prout inferius plenius continetur.

Et primo fuit repositus in dicto fardello unus rotulus coloris violati rubei scriptus in litteris grecis et aureis, et postea subsequitur in latino Sanctissime papa.

Item alius rotulus eiusdem coloris scriptus in eisdem litteris grecis aureis et post subsequitur in latino Quia a tua beatitudine sanctissime papa.

Item alius rotulus eiusdem coloris scriptus cum eisdem litteris grecis aureis et post subsequitur in latino Duas istas diversas res.

Item alius rotulus eiusdem coloris totus in latino scriptus et incipit Sanctissime papa et quo deus.

Item alius rotulus eiusdem coloris totus scriptus in latino et incipit Sanctissime papa cum didiscissem.

Item fuerunt reposite quedam littere patentes Imperatoris Romanorum, que sic incipiunt Cum scōs dominus meus, bulla aurea bullate.

Item quedam alie littere M. Imperatoris Romeorum super confessione fidei et incipiunt Sanctissimo ac Beatissimo primo, bulla aurea bullate.

Item quedam alie littere ejusdem Imperatoris que incipiunt Sanctissimo ac beatissimo primo et summo, bullate bulla aurea[1]).

---

[1]) Die an den drei zuletzt genannten Orten citierten Briefe (von Michael VIII. Paleol. und Andronicus II.) Cast. S. Ang. arm. 2. cap. 2. n. 2. 3. 4. 13.

Item una littera in papiro scripta eiusdem Imperatoris, que incipit **Nos Michael in Christo**, duabus bullis aureis bullata.

Item alie littere testimoniales quorundam prelatorum Anglie, que incipiunt: **Sanctissimo in Christo patri et domino**, cum una bulla aurea Regis Anglie bullate, et cum vij sigillis prelatorum Anglie sigillate, facientes mentionem de alia bulla aurea, que fuit evulsa seu eradicata a modernis temporibus citra ut videtur prima facie.

Item quedam littera Karoli Regis Sicilie super homagio prestito Romane ecclesie et pape Nicolao, que sic incipit **In nomine domini** etc., aurea bulla bullata.

Item quedam littera in bombicino vetusto scripta coniuncta cum sindone et incipit **Per virtutem dei**, absque sigillo.

Item quedam littera Imperatoris Frederici, que incipiunt **Fredericus dei gratia Romanorum Imperator**, sigillate cum magno sigillo cereo continentes juramentum et pacta habita inter dictum Imperatorem et dominum papam super reconciliatione ipsius Imperatoris et quedam alia.

Item quedam littere Principum Imperii que incipiunt **Nos principes Imperii universis**, cum xxviij magnis sigillis cereis sigillate.

Item quedam littere quorundam prelatorum Alamanie que incipiunt **In nomine domini Amen. Nos**, sigillate cum xv magnis sigillis cereis[1]).

Item quedam littera super reconciliatione Pisanorum cum ecclesia et incipit **In nomine patris**, sigillata cum magno sigillo cereo[2]).

Item una littera bone memorie Martini pape iiij. bulla aurea bullata super electione Senatoris Urbis[3]).

Item alia littera bone memorie Urbani iiij. sigillata super modificatione Regni Sicilie.

Item alia littera eiusdem domini Urbani super conditionibus petitis a Karolo Rege Sicilie.

Item alia littera eiusdem domini pape super conditionibus eodem modo sigillata.

Item tres littere apostolice bone memorie domini Clementis pape iiij. super vicariatu Imperii in Tuscia.

Item alia littera apostolica domini Innocentii pape iiij. directa Magistro Alberto notario.

Item alia littera eiusdem domini pape contra Fredericum Romanorum Imperatorem[4]).

Item alia littera apostolica eiusdem domini pape rupta continens transumpta v litterarum Imperatorum[5]).

---

1) Arm. 1 caps. 5 n. 8 und caps. 8 n. 5. Die Siegel sind an beiden Briefen leidlich erhalten.
2) Arm. 16 caps. 12 n. 1.   3) Vgl. Arm. 9 caps. 5. n. 2 mit Bleibulle.
4) Arm. 2 caps. 1 n. 7.   5) Ob Arm. 1 caps. 10 n. 4?

Item alia littera apostolica eiusdem domini pape super conditionibus Regni Sicilie.

Item alia littera apostolica domini Nicolay pape iiij. super forma sacramenti prestando per Regem Sicilie.

Item alia littera Ludovici Comitis Palatini cum eius sigillo magno sigillata que incipit Sanctissimo patri, super vacatione Imperii.

Item quedam littera domine Draconere feudatarie ecclesie Romane sigillata cum plumbo, que incipit Notum.

Item quedam littera principum Imperii super ratificatione quorundam Privilegiorum Imperatorum cum viij sigillis sigillata que incipit Nos Principes[1]).

Item quedam littere Radulphy Romanorum Imperatoris super quibusdam promissionibus que incipit In nomine, cum sigillo cereo sigillata.

Item quedam alia littera dicti Radulphy super credentia que incipit Sanctissimo, cum sigillo cereo sigillata.

Item quedam alia littera dicti Radulphy super recipienda dyademate cum sigillo cereo sigillata[2]).

Item alia littera seu publicum Instrumentum sigillata sigillo cereo dicti Radulphy Imperatoris et cum iiij aliis sigillis cereis super quibusdam pactis, que incipit In nomine.

Item una littera Alfonsi Romanorum Regis cum eius sigillo cereo sigillata super petendo dyademate que incipit Pateat[3]).

Item quedam littera Regis Boemie super juramento prestito Romane ecclesie cum vij sigillis cereis sigillata que incipit Sanctissimo.

Item quedam littera cuiusdam Baiuli Imperatoris cum xij sigillis cereis sigillata que incipit Nos Phylippus.

Item quedam littera Prelatorum Lombardie super ammonitione Frederici cum iiij sigillis cereis sigillata que incipit Sanctissimo.

Item quedam littera Regis Boemie, qui promixit assistere ecclesie Romane et Imperio cum viuj sigillis cereis sigillata.

Item alia littera eorumdem Cardinalium cum duobus sigillis cereis sigillata.

Item quedam littera duorum Cardinalium cum duobus sigillis cereis sigillata.

Item quedam littera Frederici Regis cum uno parvo sigillo cereo sigillata.

Item quedam littera Marchionis Masse super juramento prestito ecclesie Romane cum bulla plumbea bullata.

---

1) Arm. 1 caps. 8 n. 1 und 2 befinden sich zwei solche Documente, von denen jedes 9 Siegel trug; an dem erstern sind 8 erhalten. Ob das genannte?

2) Zu den drei zuletzt genannten s. Arm. 1 caps. 5 n. 1 (?); 11. 12.

3) Arm. 2 caps. 1 n. 3.

Item duodecim littere bullate bullis plumbeis super juribus comitatus Venaissini una cum quodam saculo, ubi sunt multa jura et quedam scripture dicti comitatus.

Item unus liber in pergameno scriptus.

Item unus alter liber scriptus in papiro.

Item quoddam publicum Instrumentum super juribus dicti comitatus.

Item XLVIII littere Regis Alamanie reposite in quadam sistula de jonco et quorundam Principum.

Item due littere Archiediscopi Coloniensis.

Item una littera Archiepiscopi Maguntinensis.

Item una littera Archiepiscopi Treverensis.

Item una littera Marchionis de Laudenboh.

Item una littera Comitis Palatini Reni.

Item una littera Misnen. Margini (sic!) Turinic.

Item una littera Johannis Marchionis Brandeburgensis.

Item una littera Octonis Marchionis Brandeburgensis.

Item una littera Ducis Vacsonic.

Item una littera Ducis Lotoringie et Comitis Juliacensis.

Que omnes littere proxime erant patentes predictorumque Archiepiscoporum, Marchionum, et Ducum sigillis cereis ut prima facie videbatur sigillate omnesque erant in una parvulina cassula lignea, in qua et in dictis fardellis ad dictam Romanam curiam fuerunt apportate.

Item in dictis fardellis fuerunt reposita XXXI tam littere privilegia, quam instrumentorum aliqua. Cuncta sunt sine sigillis et bullis.

Item quinque Rotuli scripti in pergameno, quamplurima diversa negotia tangentia.

Item duo alii Rotuli scripti in papiro.

Item x petie scripte in bombicino cum litteris grecis absque sigillis solum una excepta, que sigillata erat cum plumbea bulla.

Item iiij littere scripte in greco etiam absque sigillis una dumtaxat excepta, que est sigillata cum bulla plumbea, licet alie iij littere alias fuerunt sigillate, ut prima facie videbatur.

Secuntur quidam libri abstracti de dicto thesauro et repositi ubi supra proxime[1]), et cum aliis libris et scripturis ad dictam Romanam Curiam apportati.

Primo unus liber copertus cum postibus sine corio, qui incipit in secundo folio *et pluviale*, et finit in eodem *adeo*, et incipit in penultimo folio *fraude* et finit *pro*, et in dicto libro continentur multa scripta de iuribus ecclesie ac transumpta multorum privilegiorum Regum Romanorum et Imperatorum.

---

1) D. h. sie wurden in jene zwei 'coffreti' oder 'fardelli' gelegt, von denen oben S. 98 die Rede war.

Item unus liber copertus de corio albo antiquo intitulatus exterius liber qui dicitur Albinus[1]) et incipit in secundo folio *omni*, et finit in rubro *tione*, et in penultimo folio incipit *pon*, et finit *alteri*.

Item unus alter liber qui incipit in tertio folio in nigro *In primis*, et finit *qr. 1.* et in penultima carta incipit in nigro *in primis*, et finit *quartum unum*, et est de quodam inventario et est copertus de carta pecudina.

Item alius liber Inventarii de thesauro qui incipit in secundo folio *In nomine domini*, et finit *ponderis*, et in penultimo folio incipit in nigro *Item*, et finit *viridi*, et est copertus de carta pecudis vetere[2]).

Item alius liber qui incipit in tertio folio *Incipiunt*, et finit *Museo*, et in penultimo folio incipit *Item*, et finit *lapide*, et est de quodam Inventario.

Item alius liber qui incipit in secundo folio *processus domini*, et finit *miranda*, et incipit in penultimo folio *sublimavimus*, et finit *deperdita*, in quo continentur multi tractatus habiti per summos pontifices cum certis imperatoribus et principibus.

Item alius liber cum carta pecudis vetere qui incipit in secundo folio *per vulgares*, et finit *privata*, et in penultimo folio incipit *viro*, et finit *procedit*, in quo sunt multa de factis Regni Sicilie.

Item alius liber, qui incipit in secundo folio *Item*, et finit *uncie*, et in penultimo folio incipit *Infrascripta*, et finit *veniet*, et est etiam de quodam Inventario[3]).

Postque anno, indictione et pontificatu quibus supra, die ultima mensis aprilis dominus Johannes delegatus seu comissarius antedictus predictos fardellos, caxam et cofretos una cum libris, voluminibus, rotulis, registris, privilegiis, instrumentis, litteris, scripturis, transumptis, ac omnibus rebus aliis supradictis in novem et presentis cartis superius scriptis per me Geraldum de Carreria, notarium publicum supra ac infra-

---

1) S. dazu das Inventar vom J. 1327 in dieser Zsch. 1, 312 n. 98 und S. 316 n. 223.

2) Hiemit ist das Inventar Bonifaz' VIII. vom J. 1295 im arm. 56 n. 45 des Vat. Archivs gemeint.

3) Diese Notiz steht am untern Rande des Blattes. Das Inventar vom J. 1311 (im Reg. Aven. Clem. VI. t. 10) beginnt und schliesst am 3. Blatte wie oben angegeben ist; der Schluss stimmt nicht. Das Inventar scheint eben dort mangelhaft zu sein. Hier bemerke ich nur noch, dass obige Schlagwörter oder solche der weiter oben bemerkten nicht zum Inventar im Cod. Ottob. 2516 Bl. 126a—132 stimmen. Wahrscheinlich ist unter einem der oben verzeichneten Inventare das Martins IV. gemeint. S. dazu oben S. 15 Anm. 3.

scriptum, apportari fecit et realiter assignavit Avinione in Palatio apostolico in aula parva, que est juxta cameram dicti domini nostri pape, venerabili viro domino Jacobo de Broa, archidiacono Lunatensi in ecclesia Biterrensi, eiusdem domini nostri pape thesaurario, et inibi displicati fuerunt dicti fardelli, libri, volumina, rotuli, registra privilegia, instrumenta ac transumpta litereque alie et omnia superius contenta ac recepta per dictum dominum Jacobum thesaurarium, presentibus reverendo in Christo patre et domino domino Gasberto dei gratia archiepiscopo Arelaten., domini pape camerario, et domino Petro de Cannis (sic!) scriptore et secretario domini nostri pape antedicti, ac magistro Bartholo Vannis, et me Geraldo de Carreria notariis publicis antedictis.

Infrascripta fuerunt per dictum dominum comissarium in dicto thesauro reposita, que alias de dicto thesauro fuerunt abstracta.

Anno, indictione et pontificatu predictis die vero xxiij. dicti mensis martii dominus Johannes de Amelio commissarius antedictus, ut premissum est, ad predicta et ad infrascripta specialiter auctoritate apostolica deputatus reponi mandavit et fecit in dicto thesauro Romane ecclesie, qui, ut premissum est, in loco fratrum Minorum in Assisio conservatur, infrascripta eidem domino commissario apud Assisium de mandato venerabilis viri domini Raymundi de Poioliis Spoletani ducatus rectoris transmissa, tradita et assignata apud Assisium in camera papali per Guilbotum de Trebio familiarem, ut ibidem dicebatur, dicti domini rectoris, et infrascripta pro parte dicti rectoris apportantem et presentantem domino commissario antedicto.

Primo fuit repositus in dicto thesauro per dictum dominum commissarium unus liber de vita beate Marie, ubi est tractatus domini Bernardi abbatis de conflictu Babillonie, copertus cum postibus et corio rubeo, videlicet in cofano signato p. xxxiiij.[1])

Item alias liber scriptus in cartis pecudinis sine postibus continens obligationem vassallorum ducatus spoletani et multa alia jura ecclesie Romane, videlicet in cofro signato per lxvj[2]).

Item in cofro signato per lj. de vero ligno crucis et de capillis beate Lucie[3]).

Item fuit repositum in camera dicti thesauri unum cornu alicornu magnum et rectum.

Quibus omnibus et singulis supradictis gestis et actis ut superius sunt expressa dictus dominus comissarius una cum domino Johanne Rigaldi thesaurario predicto predictam cameram ubi dictus thesaurus con-

---

1) S. das von Ehrle publicierte Inventar vom J. 1339 in dieser Zsch. I. 344 n. XXXVIIII. S. § 243.

2) S. ibid. S. 363 n. LXVI.   3) S. ibid. S. 352 n. LI.

servatur sub duabus clavibus claudi voluit et mandavit, et statim ibidem clausa fuit. Porta vero seu hostium dicte camere bulletis seu sigillis parvis dictorum dominorum commissarii et thesaurarii fuit nichilominus sigillata. Postmodum autem dictus dominus commissarius et thesaurarius una cum eorum familiaribus ad Palatium Plebis Romane ecclesie Montisfalcon. antedictum redierunt pro eisdem incumbentibus aliis negotiis exequendis, presentibus dictis domino Bartholo Aldevalurutii Plebano, Magistro Bartholo Vannis de Spello notario publico Fulginaten. Spoletan. dioc. ac me Geraldo de Carreria notario publico supradicto ac infrascripto, una cum pluribus aliis ad premissa.

Anno domini Millesimo CCC xxxix indictione vij. die iiij. Junii libri qui inferius describuntur fuerunt traditi Sanctissimo patri et domino domino nostro pape de mandato eiusdem domini et fuerunt abstracti de duabus cassis ligneis, quarum una erat parvula, que stabat in thesauraria parva secreta, ad quam vadit homo subtus voltam, et erant sub custodia venerabilis viri domini Jacobi de Broa, thesaurarii dicti domini pape. Dictos vero libros fecit portari superius ad cameram dicti domini nostri dominus Johannes de Amelio per supradictum Bartholum de Spello et Lanfranquellum cursorem domini nostri, ac postmodum eosdem libros dictus dominus Johannes, cum in camera assignasset eos domino nostro pape, habuit in mandatis a domino memorato, quod poneret eos vel poni faceret in studio suo. Tuncque ibidem dictos libros portavit et collocavit in dicto studio frater Johannes monachus et penitentiarius domini nostri, presentibus venerabili viro domino Raymundo de Valle, capellano domini nostri, et domino Guillelmo de Campis, medico et capellano domini memorati, et predicto domino Johanne de Amelio. Quos libros habuerunt postea domini Petrus Villaris et Petrus de Cannis (sic!), ut facerent rubricam. Dicti vero libri sunt qui secuntur et prout superius designatur, videlicet: Unus liber scriptus in cartis de pecude disquaternatus seu disligatus, in quo continentur multa jura, privilegia et jurisdictiones Romane ecclesie, qui secundum intitulationem fuit ordinatus per dominum Innocentium papem iiij. et sunt ibi xxxij petie seu quaterni, et incipit in primo quaterno seu petia in secundo folio *tifex*, et finit in eodem *omnibus*[1]).

Item unus liber copertus cum postibus sine corio, qui incipit in secundo folio *et pluviale*, et finit in eodem *adeo*, et incipit in penultimo folio *fraude*, et finit *pro*, et in dicto libro continentur multa scripta de juribus ecclesie et transumpta multorum privilegiorum regum Romanorum et imperatorum[2]).

---

1) S. oben S. 97.
2) S. zu diesem und dem Folgenden S. 101 f.

Item alius liber qui incipit in secundo folio *processus domini*, et finit *miranda*, et incipit in penultimo folio *sublimavimus*, et finit *deperdita*, in quo continentur multi tractatus habiti per summos Pontifices cum certis imperatoribus et principibus.

Item alius liber cum carta pecudis veteri, qui incipit in secundo folio *per vulgares*, et finit *privata*, et in penultimo folio incipit *viro*, et finit *procedit*, in quo sunt multa de factis Regni Sicilie.

In saculo[1]), de quo fit mentio supra in viiij. carta in xxix. linea continentur hec:

Primo unum instrumentum, quod scripsit Bartholomeus vocatus Baccius filius quondam Tuti de Vulterris, notarius in comitatu Veneyssini domini pape, quod est bullatum ab uno latere tribus bullis plumbeis sicut et quibus sigillantur instrumenta in comitatu Veneyssini et una plumbea bulla in pede instrumenti.

In quo instrumento continetur, quomodo dominus Bertrandus dominus Bautii et comes Avellini vendidit thesaurario et procuratori rectorum dicti comitatus recipienti pro domino papa et ecclesia Romana castra Beduini et Aurioli et jura, que habebat in castro de Interaquis.

Item unus liber scriptus in pergameno, quem scripsit Bassus filius quondam domini Roberti apostolica auctoritate et camere domini pape notarii. In quo continentur juramenta fidelitatis recepta ab hominibus comitatus Veneyssini prestita una cum homagio facto in manibus domini B. Arelaten. electi et domini Guillelmi domini pape camerarii, nunciorum specialiter ad hoc deputatorum, qui etiam receperunt resignationem dicti comitatus factam per senescallum Regis Francie.

Item vij littere apostolice bullate de officio rectorie commisso uni clerico camere et quibusdam commissionibus sibi factis.

Item due littere apostolice parve, in quarum una mandabatur promulgari quedam sententia, in alia vero . . .[2]) sponderetur per prelatos domino pape soli.

Item iiij littere seu instrumenta bullata bulla comitatus Veneyssini, quorum unum est ructum in carta pecudis loquentia de quibusdam ultimis voluntatibus.

Item xviij petie rotulorum de pergameno et de papiro et litterarum et instrumentorum loquentium de factis Veneyssini.

Item iij parve littere sigillate sigillis cereis[3]).

---

1) S. oben S. 101 am Anfange und dazu S. 12.
2) Die Schrift ist ausgelöscht.
3) Ueber den comitatus finden sich sowohl im Arch. Cast. S. Ang. als in den Instr. misc. nicht wenige Actenstücke.

Druck von W. Pormetter in Berlin.